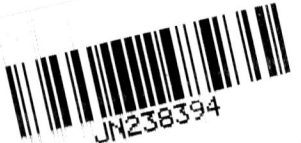

DVD付き

絶対うまくなる!

バドミントン

大東 忠司 監修
(ナショナルBチーム男子コーチ)

主婦の友社

うまくなるには、ただひたすら「真似をすること」

バドミントンの魅力は、なによりもそのスピード感です。高い打点から打ち込まれるスマッシュは、時速 300 キロ以上ものスピードが出ます。早いリズムでテンポよく展開していくゲームは、見ているだけでも爽快です。

バドミントンを始めたころはまだほんの子どもでしたが、やはり「シャトルが見えない」ことにとても驚きました。それでも、練習を重ねることによって、ついには大人が打ったスマッシュをレシーブすることができるようになったのです。あの「見えた!」という瞬間はなんとも言えない感動がありました。

バドミントンに限らず、スポーツはみな基礎がな

によりも大切です。正しいフォームを覚えないことにはよいストロークは打てません。よいストロークが打てなければ、試合に勝つこともできません。

この本では、特に「基礎中の基礎」を重視し、丁寧に解説しています。まずはそれを見ながら基本を覚えていってください。本を読んで、DVD を見て真似をしてください。見て、真似することが上達の第一歩です。フォームを覚えて、基本的なストロークができるようになったら、徐々にワイパーショットやカットといった上級技に挑戦してください。

ページをめくるたびにうまくなる。そんな本になることを目指しました。どんどん真似をして練習を重ねてください。きっと、成果が現れることをお約束します。

大束忠司

Contents

DVD付き 絶対うまくなる! バドミントン

Contents

Contents

DVD付き 絶対うまくなる! バドミントン

Contents

DVDを使いこなして

もっと もっと

うまくなる! バドミントン

時速300キロを超えるシャトルを扱うために、
速い動きが多くなるバドミントン。
スローを多用し工夫をこらした映像で、基本テクニックの総復習をしよう。

メインメニュー

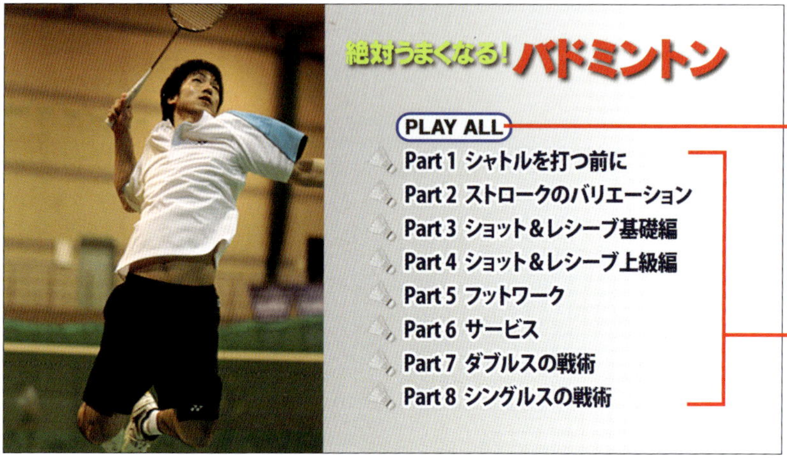

全チャプターを通して再生する場合は、PLAY ALL を選択。

チャプターは本と連動している。チェックしたい章があれば、ダイレクトで選択。

DVD の注意点

【ご使用前にお読みください】 この DVD は、私的視聴に限って販売されています。著作権者に無断で複製、改変、放送（有線、無線）、インターネット等による公衆送信、上映、レンタル（有償、無償を問わず）することは、法律によって禁止されています。

【ご注意】 この DVD は、DVD 規格に準じて制作されています。DVD ドライブ付き PC やゲーム機などの一部の機種では再生できない場合があります。すべての DVD 機種での再生を保証するものではありません。DVD は、映像と音声を高密度に記録したディスクです。詳しい再生上の操作については、ご使用になるプレイヤーの取扱説明書をご覧ください。ディスクの両面とも、指紋、汚れ、傷等をつけないようお取り扱いください。ディスクが汚れたときは、メガネふきのような柔らかい布で内周から外周に向かって、放射状に軽くふき取り、レコード用クリーナーや溶剤などは、ご使用にならないでください。ひび割れや変形、また、接着剤などで補修したディスクは危険ですし、プレイヤーの故障の原因にもなります。ご使用にならないでください。

【保管上のご注意】 直射日光の当たる場所や高温多湿の場所には保管しないでください。ご使用後は、必ずプレイヤーから取り出し、ケースに入れて保管してください。

【視聴の際のご注意】 本 DVD を視聴する際には、明るい部屋で、なるべく画面より離れてご覧ください。長時間つづけてのご視聴は避け、適度に休息をとるようにしてください。

【視聴の不具合】 ディスク自体が原因と思われる視聴不具合については、別記プレス会社のサポートセンターへ。また、再生機器が原因と思われる視聴不具合は、機器メーカーか販売店にお問い合わせください。

【図書館のかたへ】 この DVD は、非営利目的の利用に限り館外への貸し出しを許可します。

【DVD 動作に対するお問い合わせ】 DVD サポートセンター　フリーダイヤル 0120-93-7068（土日、祝日を除く 10：00 ～ 17：00）

57min.	COLOR	片面一層	MPEG 2	日本語	PCM STEREO	字幕なし	16:9 LB	2 NTSC	DVD VIDEO	図書館での貸し出し許可	レンタル禁止	複製不能

DVDの構成

このDVDは、8つの章から成り立っている。それぞれの章の内容と10の特徴をまとめて紹介。

Part 1
シャトルを打つ前に

実際にシャトルを打ち合う前に、ラケットの正しい握り方を覚え、ストレッチとシャトルを使ったドリルでウォーミングアップをしておく。DVDではゴムチューブを使って肩まわりをほぐすストレッチや体幹トレーニングも詳しく紹介している。

Part 2
ストロークのバリエーション

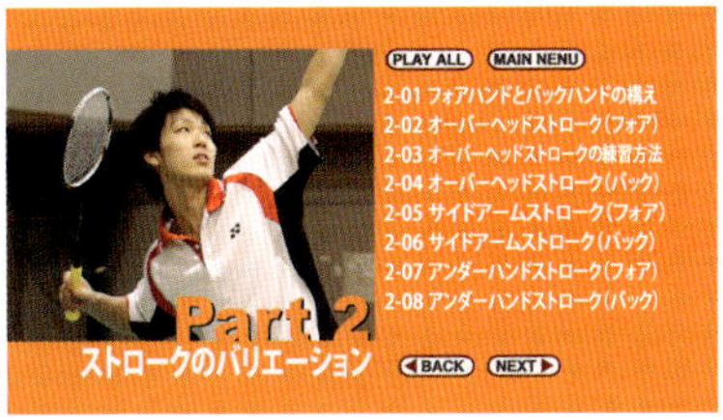

オーバーヘッド、サイドアーム、アンダーハンドのフォアとバックは、すべてのストロークの基本。構え、テイクバック、インパクト、フォロースイングといったストロークの一連の動作を、スローも多用した映像で要チェック。

Part 3
ショット&レシーブ基礎編

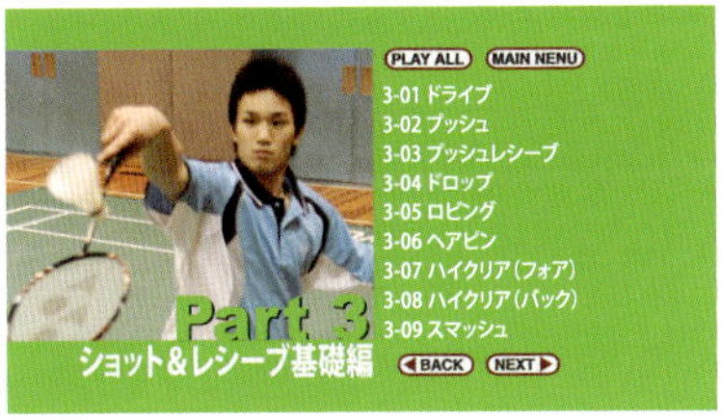

打ち合いに必要なショット、ドライブ、プッシュ、ドロップ、ロビング、ヘアピン、ハイクリア、スマッシュをマスターする。本では伝わりにくいシャトルの軌道の違いを把握して、試合のなかで打ちわけられるようにする。

Part 4
ショット&レシーブ上級編

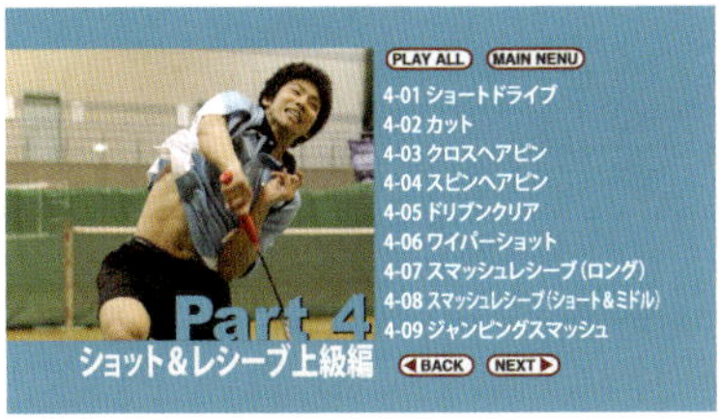

Part 3で覚えた基本ショットに、応用テクニックをプラスした上級ショット。細かい手首の動きや、シャトルの軌道や回転は、映像でじっくりチェックする。迫力満点のダイナミックなジャンピングスマッシュも映像でイメージをつかむ。

Part 5
フットワーク

高速のシャトルが行き来するバドミントンでは、シャトルの動きに追いつくためのフットワークも欠かせない。前方、後方、サイド、フォア、バックのフットワークの基本もしっかりおさえておく。

Part 6
サービス

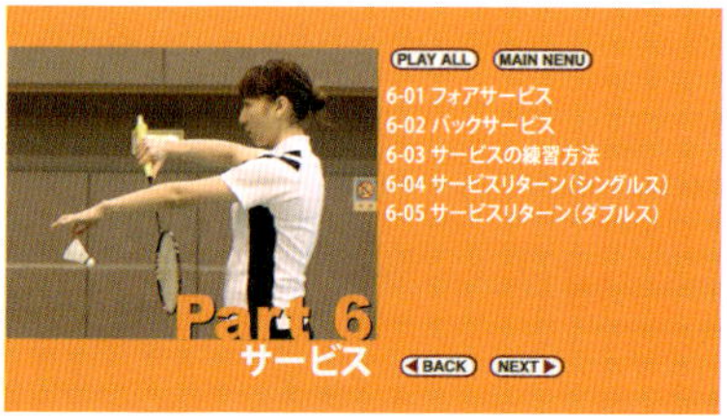

試合をスタートさせるサービス。サービスの成功のカギが、試合を左右するともいえる。サービスの反則（フォルト）は失点に直結するが、打点の微妙な違いでフォルトと判定されてしまうので、映像で要チェック。

Part 7
ダブルスの戦術

ダブルスの試合は、サイドバイサイドとトップ&バックの2つのフォーメーションと、そのローテーションですすむ。攻撃型の相手、守備型の相手の攻略法を、スローとストップモーションを多用して詳しく解説。

Part 8
シングルスの戦術

相手の長所をつぶすことと、自分の得意パターンに持ち込むこと。シングルスの必勝法はこの2つ。代表的な5つの実践的戦術を、繰り返し見て頭に刻みつけよう。「真似ること」が上達の近道となる。

特徴1 マルチアングルで解説

横、前、後ろ、斜め、俯瞰など。複数のアングルからの映像で、
スイングや軌道、体の動きや打点、シャトルの動きがチェックできる。

特徴2 打点の位置は丁寧に解説

バドミントンでは、打点の位置がとくに大切。
本では伝わりにくい打点の位置は、足型やラインで丁寧に解説。

特徴3 各部位のポイントがわかるライン

姿勢や立ち位置などで、体の各部位の使い方のコツ
がわかるように、矢印やライン、丸印で強調。

特徴4 デュアル映像で比較

比較して違いを意識したほうがよい動きは、画面左
右に映像を並べて、わかりやすく表示している。

特徴 5 豊富なNG例

ついやってしまいがちなNG例を、多数紹介。まずは映像を「見て」、視覚で理解する。

特徴 6 スイングの軌道が一目瞭然

ラケットの動きを視覚化したラインを入れているので、目と脳にイメージが刻まれる。

特徴 7 軌道の高いショットの軌道もわかる

上空に高々とあがるショットの軌道も、ひきの映像とラインでわかりやすくなっている。

特徴 8 フォーメーションの守備範囲

ダブルスの守備範囲も、実際はパートナーや対戦相手の動きによって変動する。色分けでわかりやすく表示。

特徴 9 番号と解説でわかりやすく

ダブルスの戦術の解説では、選手に番号をつけてスローやストップも多用。

特徴 10 DVDだけの特典映像

本では紹介しきれなかった練習ドリルも紹介されている。

本の見方

タイトル

Lessonのページでは、タイトルでテーマとねらいを明確にしている。完成イメージをはっきりさせて、練習にのぞもう。

アイコンの種類

POINT!
テーマのマスターに必要なポイント。

NG!
ついやってしまいがちなNG例。

DRILL 1
テーマのマスターに必要な練習方法。

CASE 1
いくつかの場面を想定して、対処法を紹介している。

DVDでさらにCHECK!
とくに複雑で細かい動きは、DVDで何度もチェックをしよう。

column 1

性別も、年齢も、体格も問わない！

バドミントンの楽しみ方

競技種目としてだけではなく、レクリエーションやエクササイズとして、
普段の生活にも取り入れやすいバドミントン。
室内でプレイするのが基本だが、風のない日は室外でも楽しめる。
老若男女を問わず、生涯できるスポーツとして人気があるのにはこんな理由がある。

1 性別を問わない

上級者は基本的に同性同士で試合をするが、混合ダブルスなど男女を問わずに楽しむことができるスポーツである。

2 年齢を問わない

大東コーチが競技を始めたのは小学１年生。３年生のときには大人が打ったスマッシュをラケットに当てられたという。

3 体格を問わない

長身選手にはより高い打点で打てるなどの長所があるが、低いドライブ戦なら体が小さいほうが有利。体格のみで優劣はつかない。

4 身体能力と「向き・不向き」は無関係？

一見簡単な「シャトルリフティング」。でも、運動の得意な人でもできないことが多いとか。反対に、運動が不得意でも上手にできる人がたくさんいる。

5 プレイすれば観戦も楽しい

高速ラリーの妙味は、未経験者ではなかなかわからない。プレイをすればするほど、観戦の面白みも、それだけ増してくる。

Part 1
シャトルを打つ前に

ボール以上に複雑な動きをするシャトル。
シャトルを打ち合う前に、シャトルに十分慣れる運動をしておこう。
筋肉を伸ばし、関節を和らげるストレッチも忘れずに。

DVD 1-01

01 基本姿勢とホームポジション

ねらい!! プレイのときの基本的な構え、ポジションがわかる

基本の構え

リラックスして軽くヒザを曲げ、ラケットを立てて構える。

1 顔(目線)

まっすぐ相手コートへ正対する。相手がスイングするときは、シャトルを見ながら落下地点までの軌道をイメージする

2 上体

上体は前傾させずリラックスさせる。肩に力が入ったり、腰を引いたりすると動作が遅れる

3 ラケット

ラケットは、相手コートから面が見えないように立てて構える。ヘッドは少し上げておく

4 ヒザ

ヒザは、突っ張らない程度に軽く曲げる。曲げ過ぎて腰が落ちてはいけない

5 スタンス

両足は平行に肩幅ほど開き、カカトを着いた状態で構える。一点に片寄って重心をかけることなく均等にバランスを保つ

基本姿勢では、両足を肩幅に開いて立つ。ヒザを軽く曲げ、上体はリラックスさせて、ラケットを立てて構える。前かがみになったり、カカトを浮かせたり、足の位置が前後にずれたりしていると、相手の打球に反応するときに力んでしまい、対応が遅れる。全範囲の球に対応できるように、ホームポジションは、コートの真ん中をとる。

× NG!

前傾になる

前傾姿勢では、後方への打球に対して反応が遅れる。

カカトが浮く

カカトが浮くと前傾姿勢になりやすい。

足が平行でない

すぐに動き出せるように、両足は前後にせず平行にする。

ヒジが上がる

ヒジがあがってしまうとフォームが窮屈になってしまう。

POINT!

ホームポジションは自陣中央

ホームポジションとは、コートでの自分の立ち位置のこと。プレイスタイルにより変化することもあるが、ショートサービスラインより、少し後ろで構えるのが一般的だ。シャトルを打ち返したら、ホームポジションに戻って返球に備える。

02

ラケットの構え方

ねらい!! 素早く返球姿勢に移れる握り方を覚える

ラケットヘッドの向き

握手するようにグリップを握るイースタングリップが一般的。バックストロークがしやすい、オールマイティな握り方だ。

面が横になるようにラケットをセットする

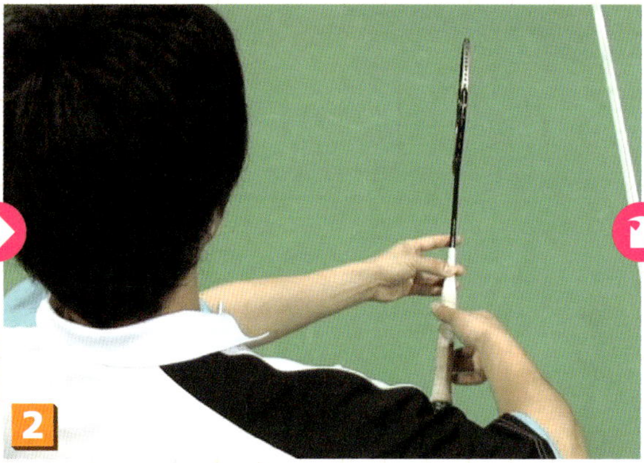

左手でシャフトを支え、軽く握手をするようにグリップを握る

ラケットの握り方の完成型

NG!

面が上向きだと、可動域が狭まる

面を上向きにすると、バックストロークの際に右のヒジが窮屈になる。

フォア、バックの両面に対応するため、ラケットは縦に持つ。テニスのウエスタングリップのように面が正面を向くようにしてラケットを横に持つと、ヒジの可動域が狭くなって、バックストロークが難しくなってしまう。グリップは、指と指の間をあけて握手をするように持つ。

グリップの握り方

力を入れすぎず、指と指の間をあけて握る。

指と手の平の動きで、ラケット
トのグリップを45度回せる
程度の握り加減が理想的
YONEX

指と指の間は少し空けて軽く握る

NG!

手の平と指に力が入りすぎる

手首の可動域
が狭くなる

強く握ってしまうと肩に力が入り、手首の柔らかさを発揮できない。

指だけでグリップをつかむ

軽くではあるが、手の平はグリップにつけること。指だけで持つと正しくスイングできない。

03 ストレッチ

ねらい!! 筋肉の柔軟性を高めて可動域を広める

上半身

ストロークで使う体側や前腕をよく伸ばしておく。左右いずれのサイドも10秒程度伸ばす。

体側

左手で右ヒジを持ち、頭の後ろで左肩へ引きつける

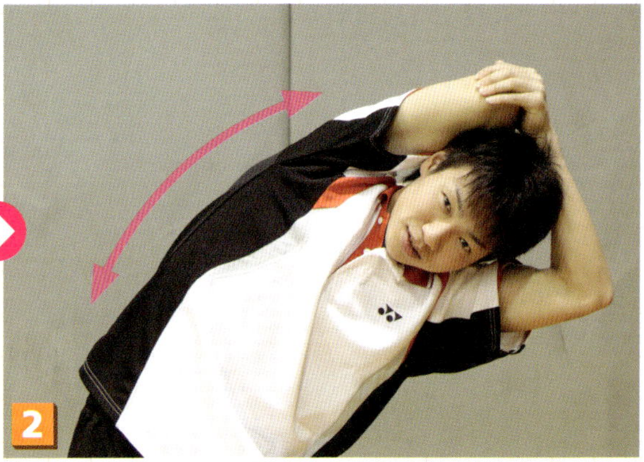

下半身を固定し、上半身を横に倒して体側を伸ばす

前腕

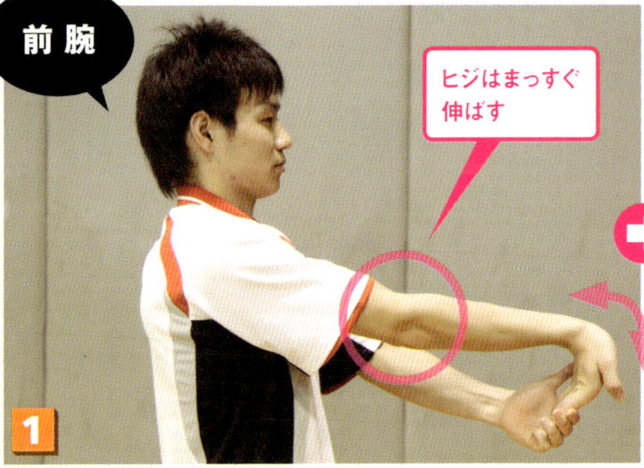

指（前腕の内側を伸ばす）を持って 10 秒程度伸ばす

あるいは手の甲（前腕の外側を伸ばす）を持って 10 秒程度伸ばす

バドミントンでよく使う部位は、ストレッチで柔軟性を高めておく。オーバーヘッドストロークで使う体側や肩周り、特に前方への移動とステップバックで疲労する股関節、大腿部、ふくらはぎは重点的に伸ばす。また、手首をやわらかく使い、ヒジの負担を軽減するためには「前腕」もストレッチで筋肉を伸ばしておく。

下半身

フットワークで使う股関節、ふくらはぎをよく伸ばしておく。左右いずれのサイドも均等にストレッチする。

股関節

つま先を外側に向けてヒザを90度に曲げる

両手をヒザに乗せ、肩を前方へ出しながら上体を左右にひねる

ふくらはぎ

片足のカカトを着いた状態で屈む

足と同サイドの手でカカトを押さえながら、反対の手でヒザの上を押さえてつま先側へ 10 秒程度押す

DVD 1-04

04 ウォーミングアップ

ねらい!! 伸ばしにくい筋肉を、運動をしながらほぐす

ランジ

両手を頭の後ろにおいて、片足を大きく踏み出し股関節を伸ばす動き。下半身のバランスをとりやすくするウォーミングアップになる。後ろ向きも行う。

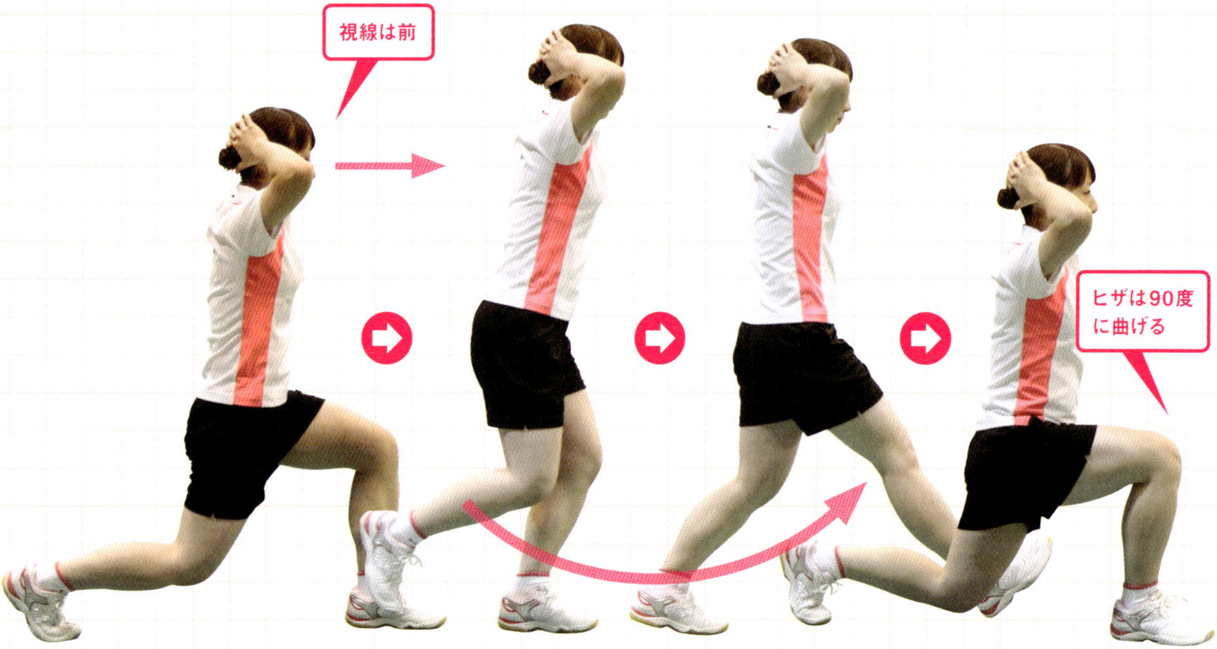

視線は前
ヒザは90度に曲げる

1 両手を頭の後ろに固定し、胸を張る

2 前を見たまま立ち上がる

3 上げた足は床に着けずに前方へ運ぶ

4 前に出した足のヒザを90度に曲げる

POINT!

後ろ向きでは床を蹴る

戻りの場合は後ろ向きに同じ動作を行うが、このときは床を蹴って足を上げる動作を意識する。

DVDでさらにCHECK!

動きながら筋肉を伸ばして、バドミントンで使う部位に刺激を与えることが目的。下半身のバランスをとるためのランジ、股関節運動を行う。練習のクオリティアップにも効果がある。けがをしてしまうので、急な運動は厳禁。体温が少し上がるくらい筋肉を動かしてから練習を始める。

股関節

股関節を動かしながら、リズムよくステップを踏む動き。特有のフットワークに慣れるためのウォーミングアップ。後ろ向きも行う。

1 片足のヒザを90度に曲げて上げる

2 体の真横から正面に持ってきて足を下ろす

3 反対側の足でも同様にステップする

4 リズムよく腰を回しながらステップを踏んで前進する

POINT!

後ろ向きでは正面→真横

戻りの場合も同じ動作を行うが、上げた足は真横から正面ではなく、正面から真横まで持っていく。

DVD 1-05

05 シャトルに慣れる練習方法❶

ねらい!! シャトルの特性を理解する

DRILL 1 シャトル拾い

ラケットだけでシャトルを拾い、そのまますくう。

シャトルとラケットの位置に注意して準備

手首を使い、ラケットの面をしっかり返す

さらに手首をひねってすくい上げる

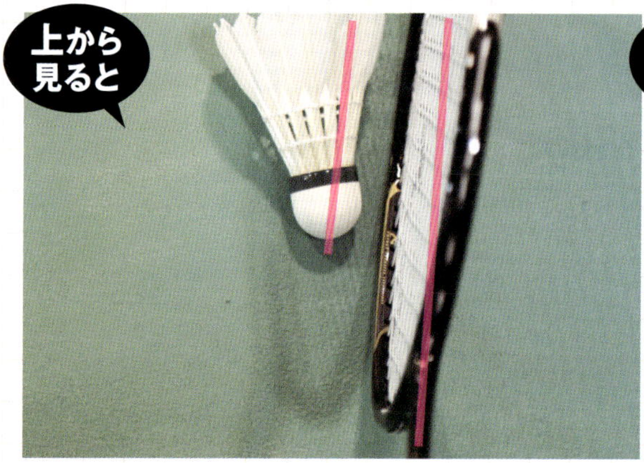

シャトルのコルクを体に向ける。コルクと羽の先を直線で結び、そのラインと平行にラケットを置く

ラケットの面を広く使えるように、床とシャフトの角度は小さくする

シャトル独特の動きに慣れる練習だ。床に置いたシャトルをラケットだけですくい上げる。シャトルに対してラケットの面を平行に置き、スイングを始めたら面を少し返してシャトルの勢いを止める。シャトルを拾ったらそのままリフティング。リフティングではシャトルを頭の高さまで上げて連続で打ち返す。

★ DRILL 2 リフティング&キャッチ

ラケットの面を返しながらリフティングし、キャッチする。

DVDでさらにCHECK!

手首を固定し、前腕（手首とヒジの間）をラケットと一体化させて真上へ押し出す

フォアとバックを交互に行う

宙に浮いたシャトルのコルクが下を向いたら、ラケットの面を真横に添える

シャフトが床と平行になる瞬間からラケットをスライスさせる

しっかりと面を返してシャトルをキャッチする

06 シャトルに慣れる練習方法②

ねらい! シャトルをラケットの面で「押し出す」感覚を覚える

★ DRILL 3 シャトルキープラン

シャトルをラケットに乗せたまま、落とさずに走る。

ラケットの面を傾けて風の抵抗を抑える。シャトルをよく見てスピードを加減をしながら、前方へ走る

POINT!

競争でゲーム要素をプラス　DVDでさらにCHECK!

何人かでスピードを競ったり、落としたら罰ゲーム（腕立てふせ）などのルールを設定したりすると、モチベーションがアップする。

ラケットを自由自在に扱うための練習をする。まずはシャトルをラケットの面に乗せたまま落とさずに走る、シャトルキープラン。床に対して面を45度くらい傾け風の抵抗を抑えながら走る。次に、2人1組になってシャトルキャッチ。シャトルを打ち返さずに、いったんラケットでキャッチして相手に投げ、これを繰り返す。

DRILL 4 2人1組で、シャトルキャッチ

手を使わずにラケットのみで、キャッチボールをするようにシャトルをキャッチしあう。

DVDでさらにCHECK!

ラケットを振らず
腕ごと前に出す
1

コルクが下を向いた状態で打ち出す

2

コルクを目で追い、キャッチにそなえる

3

ラケットをシャトルの真横に添えるようにしてキャッチ

POINT! シャトルは真上へあげる

コルクが下を向いた状態で打つ。真上へあげるためには、ラケットの面を準備して、振らずに真っ直ぐ押し出す必要がある。ラケットを振ってしまうと、方向が不安定になる。

DVD 1-06

07 シャトルに慣れる練習方法③

ねらい!! シャトルの軌道、落下点を覚える

DRILL 5 シャトル投げ

コートに３人ずつ入り、12 個のシャトルを投げ合う。

相手が投げたシャトルを目で追うことで、シャトルの軌道を体感する。「遠くへ飛ばすためには？」「ネット際へ落とすためには？」どんな投げ方が有効か試す

DVDでさらにCHECK!

シャトルが空中でどのように飛び、落ちるのかをゲーム感覚の練習を通じて体験する。シャトルを拾って相手コートへ投げ入れ、また投げ返されたシャトルを拾う。3人程度のチームを作り、対抗戦の形式で競いながら行う。シャトルの数を増やしたり、投げ方を制限したり、工夫して難易度を上げる。

準備&ルール

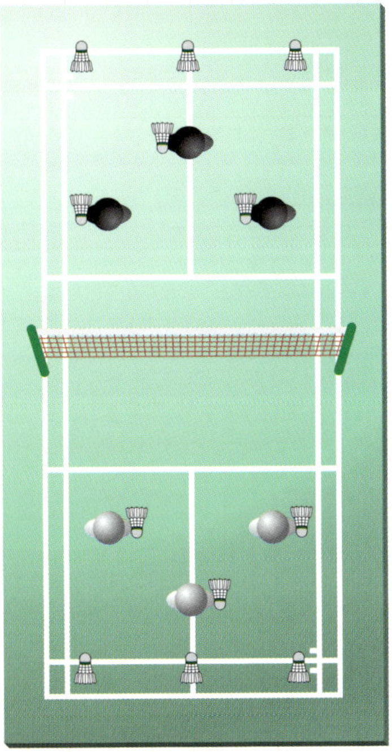

① ３人１組のチームを２つ作り、コートをはさんで対峙する。

② １人につき1つ、シャトルを手にする。

③ 手にしたものとは別に、各チームのコートに3つずつシャトルを置く。

④ 一度に手にするシャトルの数は1つに限定する。

⑤ コーチがストップをかけるまで（3分程度）、自陣のシャトルを相手コートへ投げ合う。シャトルは床に落ちたものを拾って投げる。空中でキャッチするのはNG。

⑥ 自陣に残されたシャトルの少ない方が勝利チームとなる。

POINT!

変化をつけて投げ入れる

シャトルの軌道と落下点を覚えるため、飛んでいるシャトルをキャッチするのは禁止。投げるときは遠くまで飛ばしたり、ネット前へ落としたりとコースに変化をつける。

column 2

最大の魅力「スピード」に迫る

初速400キロの世界

**初めて試合を観戦すると「シャトルが見えない」と驚く人も多いバドミントン。
トップクラスの選手がシャトルを打った瞬間のスピードは時速 400 キロにも達する。
数々のスポーツの中でも時速 300 キロ以上を記録するのは
F 1とバドミントンくらいだ、という話も。**

最速スマッシュは時速 421 キロ

2009 年 9 月、マレーシアのタン・ブンホン選手が時速 421 キロをマークし、最速の打球としてギネス世界記録に認定された。

最速を生み出した日本製品

世界記録を手助けしたのは、ヨネックス社のラケット。道具の発達により、バドミントンの高速化は進んでいる。

第一印象は「見えない」

初めて競技を見る人は「シャトルが見えない」と言う。監修の大東コーチも、小学生のときはスピードに圧倒されたとか。

初速との落差

時速 400 キロ超は、あくまで初速の話。シャトルは大きな空気抵抗を受けるため、飛距離に比例して速度は急激に落ちる。

スマッシュレシーブの快感

初めは見えなかった打球をラケットに当てられるようになるとうれしいもの。小学生でも数カ月ほどの練習で当たるようになる。

Part 2

ストロークのバリエーション

体の右側の球を打つフォア、左側の球を打つバックの2つが基本。
球の高さによるオーバーヘッド、サイドアーム、アンダーハンドとの
組み合わせがストロークのバリエーションになる。

08

フォアハンドとバックハンドの構え

ねらい!! ストロークの基本的なスタンスを覚える

フォアハンド

フォアハンドは、手の平を相手側に向けて打つストローク。利き手側（本書では右手）にきたシャトルを返すときに使う。

両足をしっかり床につけて立ち、腕をまっすぐ伸ばしてスイングする

打点は足ひとつ半〜ふたつ前を意識して、視線はシャトルからはずさない

右利きの場合、体の右側からラケットを振る場合を「フォアハンド」、左側から振る場合を「バックハンド」と呼ぶ。両足で立ち、体の軸を安定させてスムーズにスイングする。上級者は腕のしなりを使って小さくスイングするが、はじめは大きなスイングから始める。より速く、強く返球するために、打点は１歩半前の距離を意識する。

バックハンド

バックハンドは手の甲を相手側に向けて打つストローク。利き手と逆側（本書では左手）にきたシャトルを返すときに使う。

バックハンドの場合も、体はネットに正対した状態がベスト

下から振る場合でも上体を倒し過ぎないように注意する。打点はフォア同様、足ひとつ半〜ふたつ分前

DVD2-02

09

オーバーヘッドストローク フォア

ねらい! 基本的なストロークの動作を覚える

視線と打球を結ぶように左手を高く上げる

体全体が伸びた状態でインパクトの瞬間を迎える。インパクトのあとはしっかりとフォロースイングをとる

DVDでさらにCHECK!

最も基本的なストローク。重心移動、打点の捉え方は、スマッシュなどさまざまなショットの基礎となるので、徹底的にマスターする。注意すべきは左手の使い方。体を大きく使うことで打球にパワーが生まれるだけでなく、左手を振り下ろしていく段階で遠心力が生じるので、よりスムーズに重心を移動することができる。

横から見ると

目と左手の延長線に打点を捉える。右ヒジは体側につけない

フォロースイングをしっかりとって、利き足で前へ出る

DVD 2-03

10 オーバーヘッドストロークの練習法

ねらい!! 宙吊りシャトル打ちで、最高打点の感覚を身につける

横から見ると
腕が伸びきったところで、ラケット面の中央がコルクにあたるようにシャトルの位置を調整
1

インパクトの瞬間をイメージして高さを調整する

コルクを打つ瞬間をしっかりと目視
2

ヒザを柔らかく使って一度利き足へ重心を乗せる。重心を前方に移しながらスイング

DVDでさらにCHECK!

初心者はシャトルの動きを予測するのが難しく、正しいポジションに入れないことが多い。まずはコルクが下向きになるようにヒモで宙吊りにしたシャトルを何度も打ち、左腕をしっかりと使って上半身の動きを確認する。打点を確かめながら、慣れてきたら少しずつスイングのスピードを上げて「高く」、「前で」捉える感覚を覚える。

視線と打球を結ぶように左手を高く上げる

左手を振り下ろしながらスイングを始める

DVD2-04

11 オーバーヘッドストローク バック

ねらい!! バックハンドでも高い打点でシャトルを捉える

コースを予測し、シャトルとの距離をとる

ラケットを立てたまま、体ごとバック側へ向ける

左のヒジは体側に添えるようにして引いていく

右足を着くと同時に伸び上がりながらスイングを開始

ラケットの面が相手コートに向くようにスイングする

打点に視線を残す

上方のシャトルを打つため、ラケットの動きは後ろ→前というよりも下→上への動きになる。遠心力を利用しようとして、むやみに左腕を回さないように注意。左腕は体側に沿わせるようにして体の軸を作り、重心移動でタイミングをはかってスイングする。インパクトの瞬間は手首をスナップさせてラケットヘッドを素早く振る。

左ヒジは上げずに腰をひねる

重心を左足に乗せる

重心を右足へ移し変えながらスイング体勢を取る

フォロースイングをしっかりとる

振ったラケットの勢いを利用して上半身を正面へ向ける

右足を正面へ回して体全体で前へ向き直り、返球にそなえる

DVD2-05

12 サイドアームストローク フォア

ねらい!! フォア側サイドへの球を強く打ち返す

ラケットを立てた状態から入る

右足のつま先を真横ではなく斜め前に踏み出す

体の横でスイングするが、ラケットは上から下へ振る。ラケットを立てた状態から始めることが大切。また、右足は斜め前へ着く。右足を着いてから振り終わるまで、下半身を安定させなければならない。インパクトの瞬間は、開いた手首をスナップさせて押し出す。スイング後は上体が前傾しがちだが、しっかりと踏ん張る。

手首を開くように保ったまま上体を左へひねり、右足を着くと同時にスイング

手首を返しながら前へ押し出す。右足で踏ん張り、上体が前傾しないように注意

13

サイドアームストローク バック

ねらい!! バック側サイドへの球を強く打ち返す

シャトルの軌道を確認し、打点を予測する

右足のつま先は真横ではなく、斜め前へ向ける

右足を着くと同時にスイング。ラケットのヘッドが下がらないように注意

右足を斜め前に踏み込みながら、スイングの前にラケットの面を準備する。ラケットは立てた状態で上から下へと振り出す。ヘッドが下がると力が伝わらない。右足の踏ん張りを利かせ、腰の回転を使って体全体で大きくスイング。インパクトの瞬間は手首を返し、シャトルを前面に押し出す。上体が前傾しないように注意する。

ラケットの面を作ってからスイング

インパクトの瞬間は手首を使って前へ押し出す

右足で踏ん張り、上体が流れるのを防ぐ

14 アンダーハンドストローク フォア

ねらい!! フォアハンドで下から上へと大きく振り上げる

ラケットの面を正対する相手から広く見えるように準備する

右足のつま先をシャトルに向け、カカトから踏み込む

テイクバックをとり、体の真横からスイングする

体の下のほうの球は、アンダーハンドで打つ。斜め前方でインパクトをむかえることで、フォロースイングを大きくとれば、体全体の力がラケットに伝わる。ただし、フォアはバックに比べて腰を使うのが難しく、腕だけでスイングしがちなので要チェック。また、右足を踏み込み過ぎると、腰が落ちて大きな返球ができなくなる。

インパクトの瞬間で止まらず、しっかりと振り上げる

上体を起こすように重心を上げ、前方へのオーバーステップを避ける

NG!

右足のつま先がシャトルではなく前方を向いて踏み込んでいる。上体が開いてしまうため、打点が体の軸から遠く、腕だけのスイングになってしまう。

15 アンダーハンドストローク バック

ねらい! バックハンドで下から上へと大きく振り上げる

体軸より前で打点を捉えられるように助走

右足のつま先をシャトルへ向け、カカトから踏み込む

つま先を着きながらスイング。正対する相手に面が広く見えるように振っていく

フォア同様に重心を下げることが重要。右足へ重心を移しながらラケットを振り出す。スイング後には胸が反るように大きく振る。ただし、強く振ろうと意識して、スイング前から腰をひねった状態でシャトルを待つと安定感を欠く。インパクトの瞬間まではラケットを短い距離で運ぶ。ネットを越えて、敵陣後方まで飛ばせれば理想的だ。

インパクトの際は、ヒジ、手首、シャフトが直線上になる

上体が下から上へ向くように大きく振り上げる

NG!

右足がつま先から踏み込んでいると、重心が下がりきらない。右足のつま先が真横を向いているため、スイングが窮屈になってしまう。

column 3

五輪での体験

大東コーチの「五輪」挑戦記

大東忠司といえば、北京五輪では男子ダブルスで5位に入賞、
2008年のヨネックスオープンジャパンでは男子ダブルス3位と
「ダブルスの名手」として有名な国内屈指のプレイヤーだ。
その大東コーチがいかにしてトッププレイヤーになったのか、その軌跡を見てみよう。

正式種目じゃないのに?

幼い頃、柔道の谷亮子らが「夢は五輪、メダル」と言う姿に憧れて同じように言っていたが、実は当時は五輪種目ではなかった。

悔しさと羨ましさで再挑戦

大学時代は五輪出場を果たせず。あまりの悔しさと羨ましさのため、パートナーと同じ社会人チームでの再挑戦を決めた。

初の五輪は出場で満足

初出場は2004年のアテネ大会。ついに憧れの舞台に立った。しかし「出場に満足したためよい試合はできたが、欲がなくて勝てなかった」。

日本バドミントン界の転換期に引退取りやめ

2006年には引退を考えたが、日本代表の本格的強化という潮流に刺激を受け現役続行。終盤の追い上げで五輪出場権を獲得。

北京で格上を撃破して5位入賞

アテネ大会の反省を踏まえ「行くだけなら意味がない。必ず一度は勝つ」と決め、見事に格上を撃破。5位入賞を果たした。

Part 3

ショット＆レシーブ基礎編

スピード感あふれる打ち合いがゲームの醍醐味。
打ち合いに必要なショットとレシーブをマスターしなければ、
シャトルの応酬は始まらない。

16

ドライブ

ねらい!! 低く速い球を打ち込み、主導権を握る

フォア

1

ヒジを肩の上まで上げない。ラケットは立てて構える

2

フォアでは手首を開いてスナップを利かせる

3

お尻を引かずに体全体でシャトルをむかえる

4

白帯をめがけてラケットの面を押し出す

中間距離で低い軌道を描くショット。より高く、前方で捉えるのが理想的。ヒジは下げてラケットのヘッドを上げる。バックではヒジが上がりがちなので「肩より下」を意識。ラケットの面を先に準備し、白帯をめがけて押し出す。右足を前に出すと強く打てる。

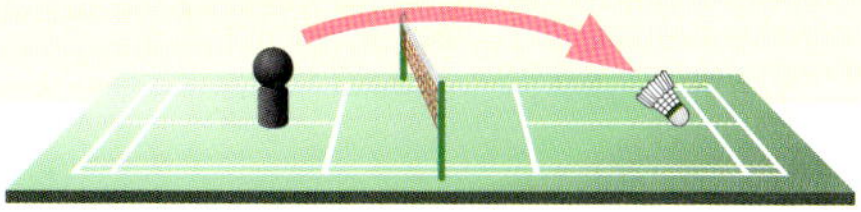

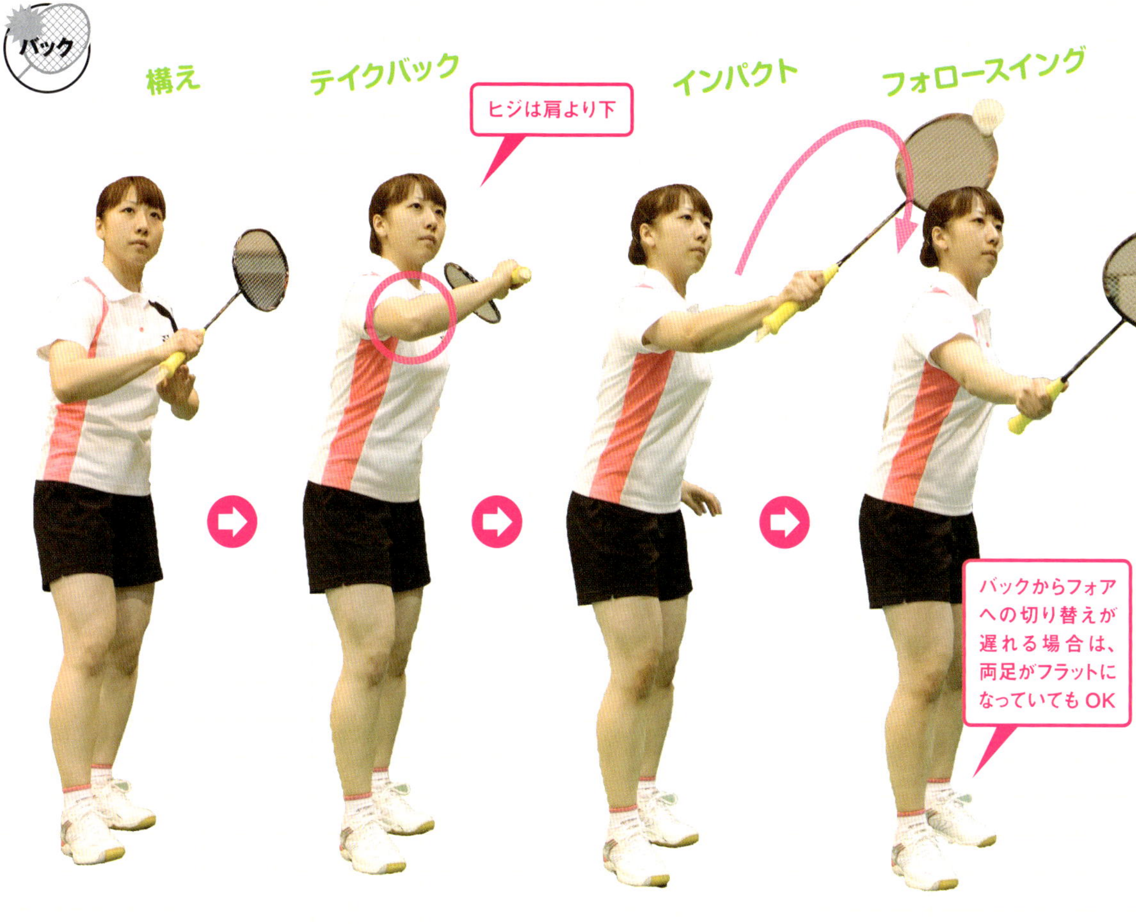

1
右足を前に出すとより力強く打てる

2
バックは特にヒジが上がりやすいので注意

3
打点を「斜め前」、「斜め上」に捉える

4
ラケットを前へ押し出すようにスイング

17 プッシュ

ねらい!! ネット前から速くて強い球を打ち込む

タイミングと打ち方

ネット際に浮いた球を、押し出すように返球するのがプッシュ。ラケットは短く持ち、返球に備えて下までスイングしない。

IMPACT

打点は正面から頭１つぶん横

COURSE

高い位置でシャトルを捉え、白帯をめがけて振り下ろす

✕ NG!

腕を伸ばしきった状態で打つ

遠くから狙いに行くときは、上体でシャトルを迎えるようにステップでシャトルと自分との距離を縮めてからスイングする。

ネット前から相手コートに押し込むショット。上から振り下ろすため、ヒジを少し高く構えてラケットのヘッドを上げる。正面ではなく少し横でシャトルを捉え、早い返球に備えてスイングは胸の高さで止める。インパクトの瞬間は、ラケットを短めに持ったときグリップに触れる程度に手首を返す。上体はラケットと共に前後へ動かす。

ヒジを高く構え、上体でシャトルを迎えに行く

ラケットを高いところから振り下ろすようにスイング

スイングは胸の高さで止める

18

プッシュレシーブ

ねらい! ネット前から打ち込まれたシャトルを返球する

タイミングと打ち方

プッシュを打ち返すためのレシーブ。もともとシャトルに勢いがあるので、それを利用し軽く打つ。

IMPACT

できるだけ前方でシャトルを捉える

COURSE

ネットの白帯をめがけて低い軌道で押し出す

POINT!

「懐《ふところ》」の間合いをつかむ

「懐」とは、前かがみになって右腕を出したとき、胸の前にできた空間のこと。懐の間合いを作ると、準備が遅れても上体が反らず、低い軌道で返球できる。フォアの場合は、少し体に触れるくらいヒジを中へ絞るとコンパクトにスイングできる。

サイドステップを使い、できるだけ正面でシャトルに対応する。ラケットヘッドを前に構えて、シャトルが差し込まれるのを防ぐ。上体を少し前傾させて「懐」の間合いを作ってテイクバックし、懐の中でスイングする。面を準備してから押し出し、ヒジが伸びきる少し前に打点を捉える。

正面でシャトルをむかえる

前傾姿勢で足腰の前にできた空間でスイング

面を先に準備してそのまま押し出す

19

ドロップ

ねらい! 自陣後方から相手コート前方へ落とす

1
フォアでは体重を利き足に一度乗せる

2
伸び上がったところで打点を捉えるようにスイング

3
インパクトをあまり意識せずに振る

4
シャトルをはじくのでなく、やわらかく押し出す感覚

シャトルを思い切り打ち込むスマッシュとテイクバックまでは同じだが、そこからは遠心力だけでスイングする。スイングの中にシャトルをむかえる感覚でやわらかく押し出す。強く振ると打球が伸び、逆に手前へ落とす意識が強いと上向きに打ってしまうので注意。

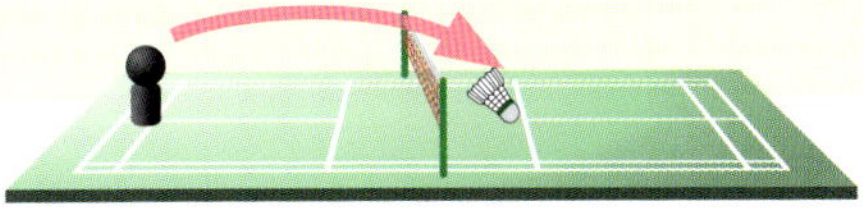

バック

構え　テイクバック　インパクト　フォロースイング

体をコートのサイドラインに向ける

1
バックでは上体ごと横へ向けてシャトルの下に入る

2
下からしっかりとスイングする

3
高い打点で捉える

4
インパクトで止めることなく振り抜く

20

ロビング

ねらい! 高くて大きい返球で相手をコート後方へ下がらせる

フォア

テイクバック

インパクト

バック

打点につま先を向けて踏み込み、体の真横からスイング

踏み込み足のヒザが沈まないように注意

相手コートの後方へ大きく返球する。まず、つま先をシャトルに向けて踏み込む。ラケットは、正対する相手に面が大きく見えるように準備し、体の側面からスイングを始めて大きく振り抜く。ヒザを曲げ過ぎて打点が低くなったり、上体が前傾してフォロースイングが小さくなったりしないよう注意する。

大きく振り上げる

足ひとつ半分よりも前で捉える

DVD3-06

21

ヘアピン

ねらい!! ネット前に落とされた球を相手のネット前へ返す

フォア

バック

踏み込む足のつま先は、打点に向ける

両足のヒザは伸ばし気味にし、高い打点で捉える

ネット前の攻防で、相手コート前方へシャトルを落とすのがヘアピン。片足立ちになるくらい、ヒザを高くして構える。ラケットの面は真上ではなくやや白帯に向けて開く。フォアの場合は、手首をしっかりと開いた状態でスイングに入る。手首の返しだけで面を少し真上へ押すようにしてシャトルを捉える。

打点は斜め前。正面だとスイングが窮屈になる

インパクトのあとはラケットの面を少しだけ上へ押し出す

22

ハイクリア

フォア

ねらい!! フォアで自陣後方から相手コート後方まで大きく打つ

1

シャトルの落下点を予測し、真下に入るようにステップバック

2

重心を右足に乗せ、左手を大きく使う

3

左手のヒジをワキに引き付けながらスイング

フォアのオーバーハンドで、相手のポジションを下げるのが目的。シャトルの下へ素早く入り、重心を利き足に乗せて右のワキを締め、左手を大きく上げる。頭の真上よりも少し前に打点を捉え、打点と軌道を結ぶように視線を向けたまま思い切りスイングする。下がりきって重心を前に戻しながら打つことがポイント。

インパクト

4

重心を前へ移動させながらインパクトの瞬間をむかえる

フォロースイング

5

大きく振り抜く

IMPACT

打点は真上よりも少し前で捉える

23

ハイクリア

バック

ねらい!! バックで自陣後方から相手コート後方まで大きく打つ

DVDでさらにCHECK!

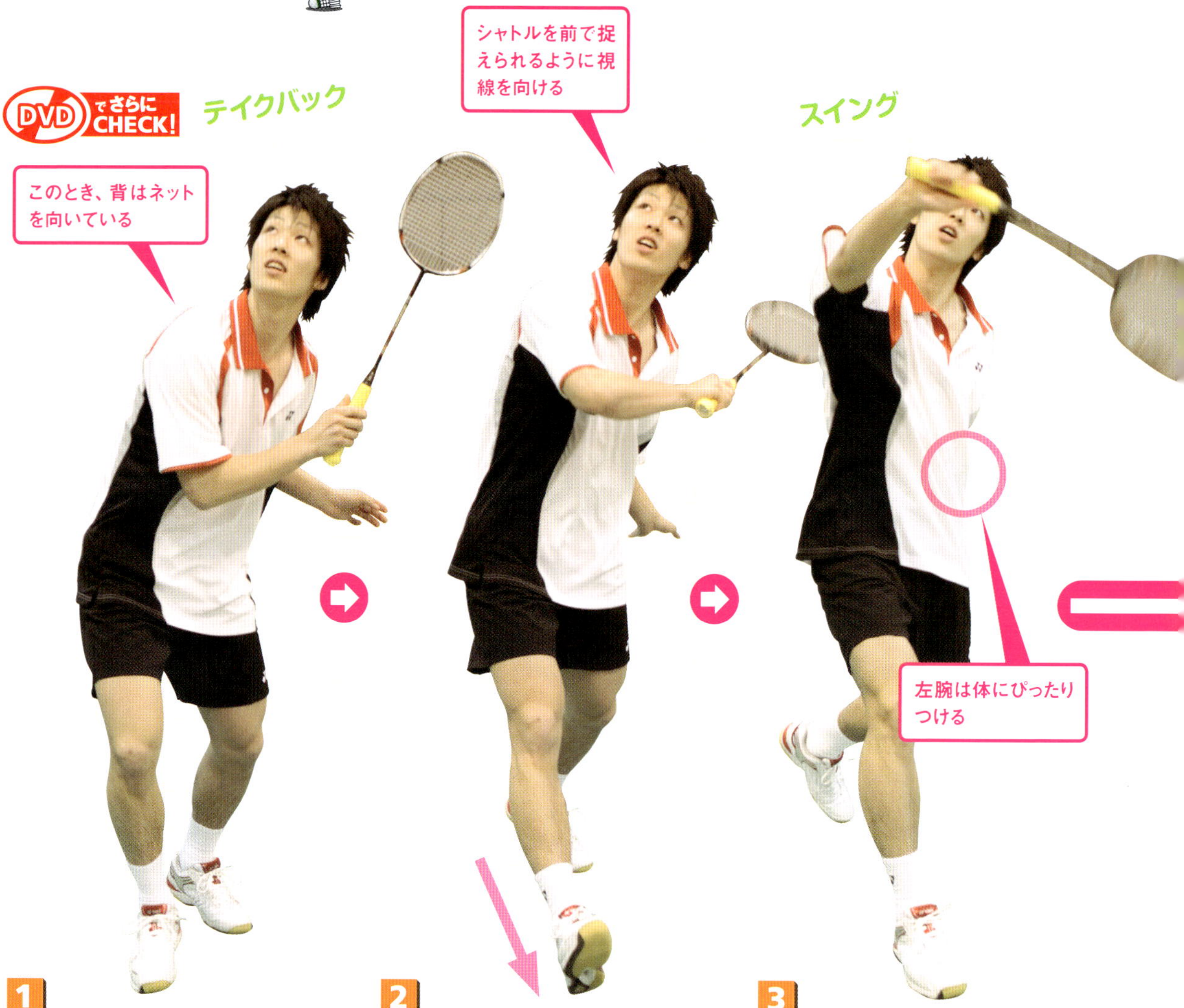
テイクバック
シャトルを前で捉えられるように視線を向ける
スイング
このとき、背はネットを向いている
左腕は体にぴったりつける

1

シャトルの落下点へ素早く入る。左腕を体の側面へ引き付けていく

2

右足を斜め後方に向けて踏み出す

3

高い打点でシャトルをむかえてスイング

ワキを締めて腰をひねり、シャトルの落下を待つ。手首を立てて左足に重心を乗せ、右足は斜め後方に向ける。ラケットの面は打つ方向に向け、左手を体の側面に添えたまま、ヒジを伸ばしながらスイングする。ヒジが伸びたあとは、その力を伝えるように手首を返してインパクト。打点は真横よりわずかに前方を意識する。

4 打点は真横よりもわずかに前。ラケットの面を打つ方向へしっかりと向ける

5 インパクトの瞬間はしっかりと手首を返す

6 腕の動きと一緒に、そのままネット方向に向き直る

24

スマッシュ

ねらい!! 高い打点から角度をつけた軌道で力強く打ち込む

シャトルの落下点へ入る

左手を大きく伸ばして反動を得る

左手を体の側面へ引き付け、伸び上がりながらスイングに入る攻撃的なストロークの代表。主に自陣の中央より後方から、相手コートへシャトルをたたきつける。重心を右足に乗せ、左手を大きく伸ばしてからワキへ引き付けてその反動を利用。伸び上がりながらスイングする。視線は前方に向けたまま、ラケットの面が白帯を向いた状態でインパクト。手首を返して力強く振り抜く。

ラケットの面を白帯に向け、高い打点で捉える

力強く振り向き、右足を前に出して返球にそなえる

「より前で」、「より高い」打点を意識。鋭角でたたき込む

column 4

五輪での体験（番外編）

リオネル・メッシを見かけた!

五輪は競技者にとっても夢の舞台。出場者にしかわからない感動体験もある。他競技の選手との交流、超一流プレイヤーの試合観戦など、エピソードがいっぱいだ。大東コーチの感動の五輪体験を紹介する。

1 下位の選手は有利？

バドミントンは世界からたった16組しか出場できない。16位で出場権を獲得した選手は必ず格上と戦うのでプレッシャーがかかりにくいのだ。

2 出場者全体に生まれる一体感は独特

選手村は、とてもフレンドリーな雰囲気。一度も話したことのない対戦相手とも自然に話すことができ、国を越えた一体感を味わえる。

3 他競技の日本代表と対戦？

選手村では、他競技の日本代表選手とバドミントンをする機会もあった。遊びとはいえ、一流アスリート同士の夢の対戦だ。

4 他競技の日本代表を応援して感動

競技の合間には、普段は見ることのできない他競技の日本代表を応援。女子レスリング会場で日の丸が揚がるのを見て、思わず感動！

5 「あっ、メッシ！」

選手村での生活は競技・種目の垣根を越える。食堂で見かけた有名人は、なんとサッカー界のスター、アルゼンチンのリオネル・メッシ選手だった。

Part 4

ショット&レシーブ上級編

回転や返球角度が違う多彩なショットを織り交ぜれば、
前後左右、ネット間際からコートの奥まで相手を揺さぶり、
試合を優位に進めることができる。

DVD4-01

25

ショートドライブ

ねらい!

短く速いショットで相手を崩す

フォア

1 テイクバックはとらず、真っ先にラケットの面を作る

2 手首とグリップをやわらかく使い、ヒジから上だけで振る

3 小さく、コンパクトにスイング

POINT!

強く、速く打つならフォアハンドがベスト

ドライブはフォアハンドで打つほうが簡単かつ、強烈なものになる。右利きの人は、右に大きく踏み込んで打つ。

主にダブルスにおいてサービスラインを少し越えた距離で多用されるドライブ。打ち合いになることが多く、返球のタイミングが早いのでリズムが大切。テイクバックはとらず、面を準備して小さく押し出す。なるべく高い位置で打点を捉え、コンパクトに上から下へ振るイメージをもつ。

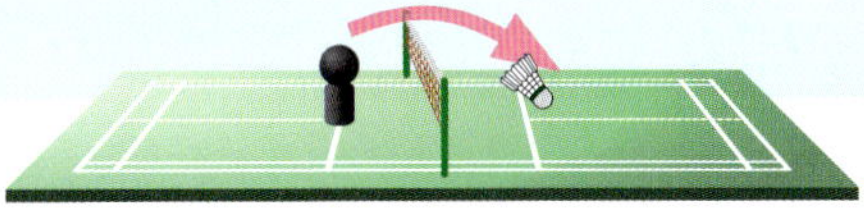

バック

ラケットは立てて構える。グリップは短めに握ると打ちやすい

ラケットを前に押し出してシャトルを捉える

ヒジから上だけを使って小さくスイング

POINT!

ラケットは立てて構え、下に向かって打つ

スイングのイメージは「上から下」でないと打球が浮き上がってしまうので注意。

DVD4-02

26

カット

ねらい!

ラケットの面を切って打球のコースを変える

スイング前はハイクリアやスマッシュと同じ姿勢

スイングを始めたらラケットの面を傾ける

45 度より少し絞った角度で面を当てる

DVDでさらにCHECK!

カットとは方向に変化をつけ、急速にシャトルを落とすショット。フォアでは、テイクバックからスイングを始めたら、ラケットの面を45度よりも少し角度を絞って勢いよく振り下ろす。リバースでは、手首をひねって内側（手の平側）を外側へ押し出すように切る。

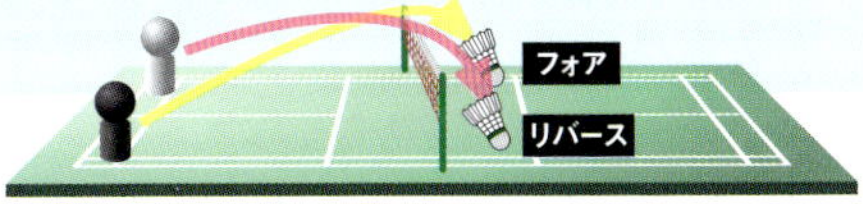

ラケットは横ではなく下へ振る

リバースでは、ラケットを右足付近から左後方へ流して次の球に備える

打点は前で捉える

DVD4-03

27

クロスヘアピン

ねらい!! 手首でコースを変えてネット前からネット前へ落とす

ラケットを立てながらネット際へ

コート中央の白帯上を狙ってラケットの面を準備

フェイントとして有効なヘアピンの応用技。ラケットを立てた状態でネット際のシャトルへ近付く。コート中央の白帯上を狙ってラケットの面を準備し、手首を横へスイングしてクロスへ打つ。インパクトの瞬間は、シャトルをはじくのではなく、やわらかく押し出す。ヒジを回転させないように。

手首を横へスイングし、クロスへ打つ

ヒジを回転させてラケットが下まで回らないように注意

28

スピンヘアピン

ねらい!

横回転をかけ、シャトルの軌道をわかりにくくする

グリップの握りを軽くしておく

手首を切ってコルクを回転させる

コルクが上を向いて飛ぶ

DVDでさらにCHECK!

基本的には通常のヘアピンと同じだが、グリップをやわらかくしておき、インパクトの瞬間に強く握りながら手首を軽く切ってコルクに横回転を加える。切り方は、フォアとバックでそれぞれ外から内、内から外があり、全部で4通り。内から外へ切るときは、シャトルが外へ流れるのを防ぐため、ラケットの面を斜め上へスイングする。

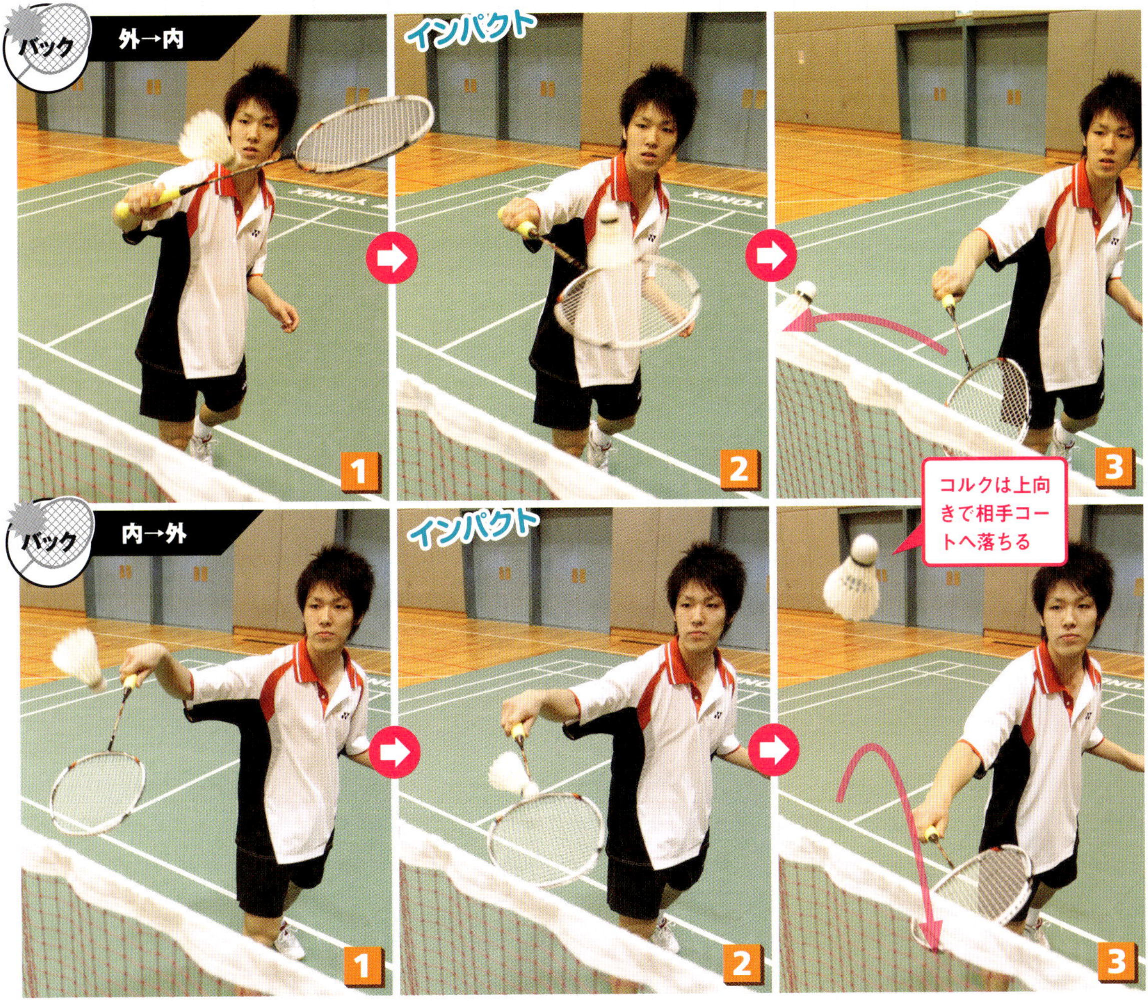

スイングまでは通常のヘアピンと同じ　手首を切ってインパクト　ネットにかかって入れば理想的

29

ドリブンクリア

ねらい!! 低くて速い球を奥へ打ち込み、相手の位置を下げる

スマッシュと同じ体勢で構える

ラケットの面を傾ける

高い打点でインパクト

スマッシュと見せかけて、警戒した相手の頭上を越えコート奥に落とすショット。シャトルの落下地点に入り、利き足に体重を乗せて、スマッシュの体勢に入る。ラケットの面を利き腕側から逆サイド側に少し傾け、真後ろから斜め右前へスイングする。打点はハイクリアよりも前。

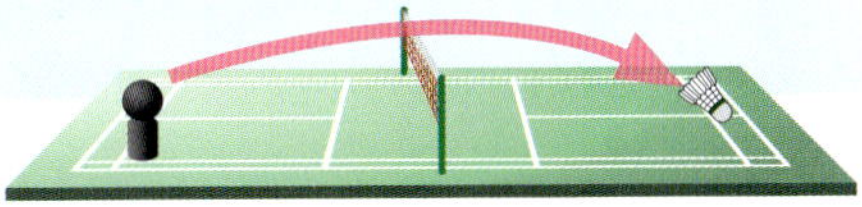

ややカットするように面を切る

しっかりと振り抜く

POINT!

クリアの打点の違い

ドリブンクリアは、低くて速い球をコート奥に打ち込むクリア。ハイクリアよりも前でシャトルを捉えて、打球が浮き上がらないようにする。

DVD4-06

30

ワイパーショット

ねらい！ タッチネットをかわしてネット前からプッシュする

1

ヒジは固定したまま構える

2

サービスラインから助走

3

跳びついてシャトルまでの距離をせばめる

ネット際のプッシュは、後方から前方へスイングするとオーバーネットのフォルトになりやすい。インパクトをむかえる瞬間、ラケットとシャトルは自陣に収まっていなければならない。ヒジを支点にして手首を固定し、自動車のワイパーのように横方向へスイングして、インパクトの前にラケットがネットを越えるのを防ぐ。

POINT!

スイングは横方向

跳びつくようにシャトルへ近づいて、上体との距離を近くする。距離が遠いと下から上へのスイングになってしまう。

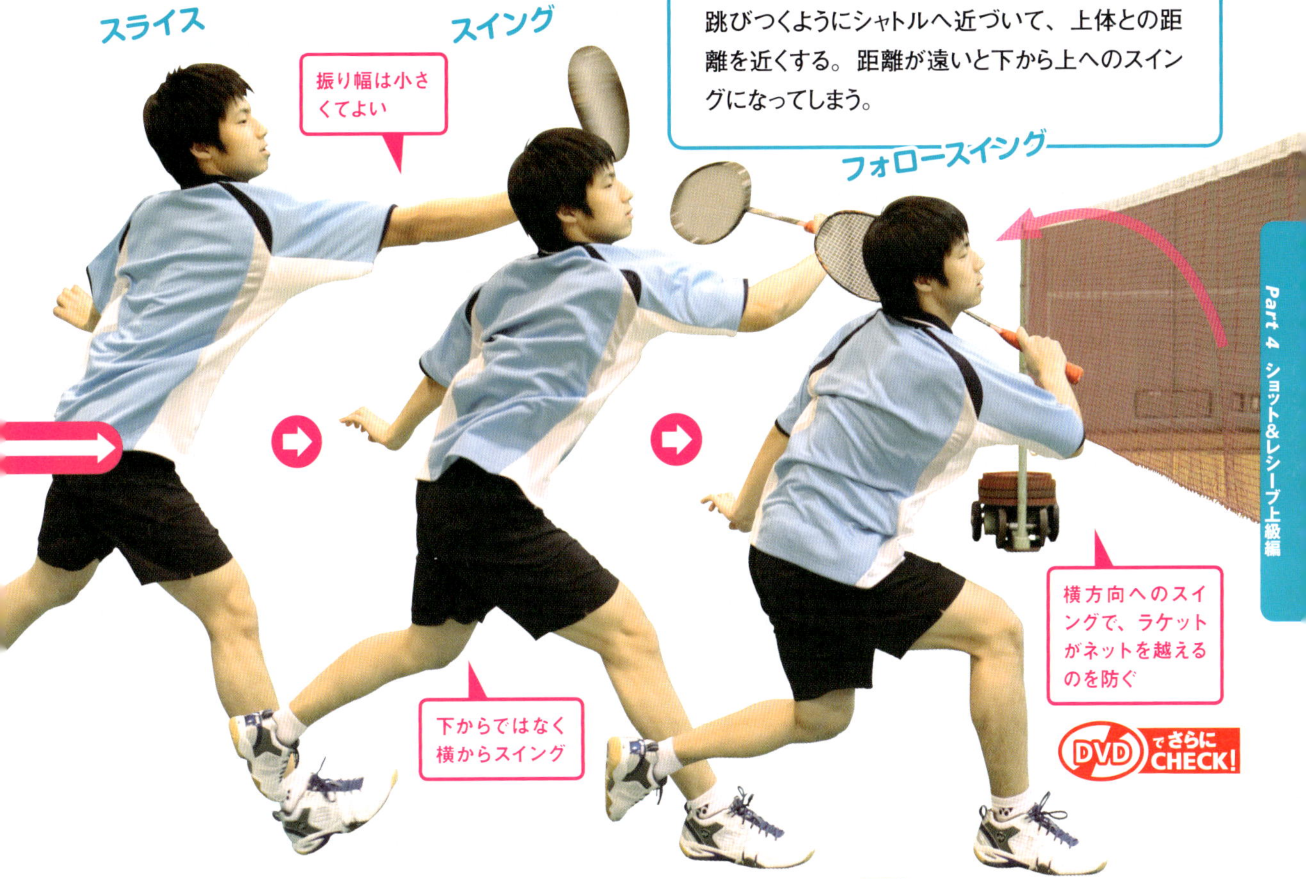
スライス
振り幅は小さくてよい
スイング
フォロースイング
下からではなく横からスイング
横方向へのスイングで、ラケットがネットを越えるのを防ぐ
DVDでさらにCHECK!

4 ヒジを支点にラケットの面をスライスさせる

5 スイングはヒジの高さでストップ

6 右足を踏ん張り、上体は起こしたまま保つ

31

スマッシュレシーブ

ロング

ねらい!! 相手が打ち込んだスマッシュを相手コート奥まで返す

ヒジを下げて低く構える

右ワキを開け、上体を前傾して懐の間合いを作ってテイクバック

体全体を伸び起こすようにしてスイング

スマッシュレシーブは返球の長さによって３種類にわかれる。ロングの場合、打球に対してラケットの面を準備したら、「懐」でテイクバックをとる。上半身を反らしながらシャトルを前方へ跳ね上げる意識でスイングし、頭の上までフォロースイングをとる。

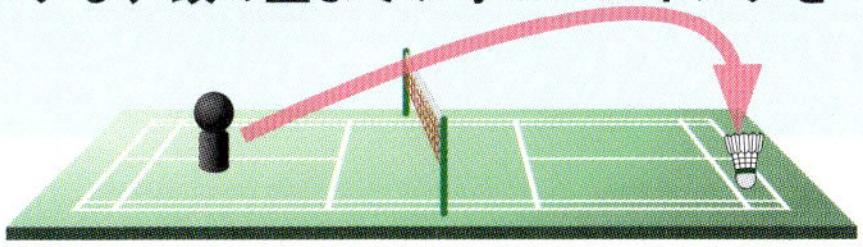

腕の振りに頼らず、体全体の動きを腕に伝える
4
上半身を反らす
5
次の打球に備える
6

4
5
6

「上」ではなく「前」へ跳ね上げる

フォロースイングは頭上まで大きくとる

次の打球に備える

32 スマッシュレシーブ

ショート&ミドル

ねらい! 相手が打ち込んだスマッシュを手前へ短く返す

ミドルレンジ

ドライブのような攻撃的なレシーブになる。振り上げてしまうと飛距離が伸びてしまうので、スイングは小さめに。

前から見ると

横から見ると

「懐」の間合いを作って面を準備する（ショートではテイクバックをとらない）

白帯をめがけてインパクト

ヒジが伸びきったらスイングを止める

ヒザをやわらかく使い、前傾姿勢で「懐」の間合いを作る。ラケットの面を準備し、ヒジから下のスイングで白帯をめがけて押し出す。ヒジが伸びきったらスイングは止める。また、飛距離を短くすることを意識し過ぎると、手首を返してラケットの面をシャトルにかぶせがちなので注意。

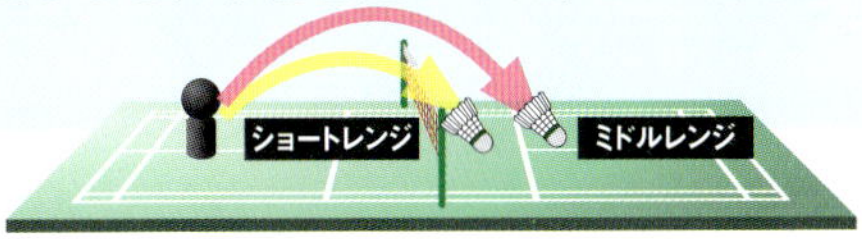

ショートレンジ

ショートの場合は、テイクバックをとらずに相手の打球の力を生かして少しだけ押し返す。

「懐」の間を作る

ミドルとショートの違いはテイクバックの有無

どちらもスイングは小さい

33

ジャンピングスマッシュ

ねらい!! 最高打点から角度をつけてシャトルをたたき込む

1 シャトルの落下点へ入る

2 両足をそろえる

3 真上へ跳び上がる

4 胸を開き、肩を上げてテイクバックシャトルの落下点へ入り、両足をそろえヒザを使って真上へジャンプして打つスマッシュ。飛び上がったら胸を開くように上体を少し反らせながら肩を上げてテイクバックをとり、力強くスイングして高い打点でシャトルを捉える。右腕はスイング後、開いた上体を締めるように左へ振り下ろす。右肩が左の腰骨に近づくイメージで。

POINT!

飛び上がった最高到達点でインパクトをむかえるようにタイミングを計ることが大切。

5

高い打点から角度をつけて振り下ろす

6

開いた上体を締めるように、ラケットは左へ流す

7

左足で着地

8

右足から動いて次の球に備える

column 5

大東コーチの憧れはインドネシア

世界のプレイスタイル

ひと口にバドミントンといっても、国や地域によってさまざまな特徴がある。ヨーロッパと東南アジアでは、プレイスタイルも、応援もがらりと変わる。国際試合を観戦して、それぞれの地域のバドミントンを研究するのもよいだろう。

1 東南アジアは激しい応援が特徴

インドネシアやマレーシアでは国技。人気が高く、応援も激しい。観客が一球ごとに声を挙げるため、打球音が聞こえない。

2 欧州や日本の試合会場は紳士的

欧州の会場は紳士的な雰囲気。日本も欧州に近いが、最近は人気が上昇したこともあり、団体戦では熱い応援も見られる。

3 地域と体格によるプレイスタイルの特徴

欧州には長身選手が多く、高い打点から打ち下ろすのが得意。アジア勢は体が小さいため、技術力のある選手が多い。

4 体格差によってフォームに差異

インドネシアの選手は総じて体がやわらかい。手首のしなり方などが違うため日本の選手とはフォーム自体が違って見える。

5 特徴がわかれた伝説の一戦

大東コーチが初めて憧れたのは、アーディー・ウィラナタ（インドネシア）。豪腕の趙剣華《チャオ・ジェンファ》（中国）を驚異的なレシーブで破った姿に感動した。

Part 5
フットワーク

試合では当然相手も揺さぶりをかけてくる。
前方へ、後方へ、バック側へ、フォア側へ、
フットワーク軽く動いて球を拾い、相手を圧倒しよう。

34 前方フォア側へのフットワーク

ねらい!! いち早くシャトルに反応するための足の運び方を覚える

スイング前

視線はシャトルを追いながら下げる。打点を意識し過ぎて先に視線を落とさない

右足の前を通って左足を踏み出す

スイング後

右足を残したまま、左足へ重心を移動する

右足を左足に添えるように引く

DVDでさらにCHECK!

右、左、右と３歩のタイミングでスイングする。スイング前は、左足は右足の前を越えるように運ぶ。左足を右足に添えたり、右足の後ろを交差させたりすると安定感を欠く。また、タイミングの早い返球への対応が遅れてしまう。スイング後は、足を順送りにするツーステップ。視線やラケットヘッドを下げて前傾しないように注意。

2歩目は
大きく
3

右足のカカトから着いてスイング

スイング
ヒザを深く曲げて、
重心を低く保つ
4

スイング時、右ヒザはしっかりと踏ん張る

左右の足が
交差してしま
うとバランス
をくずす
7

左足、右足と順送りにステップ

8

ホームポジションへ戻る

DVD5-01

35

前方バック側へのフットワーク

ねらい!! 体勢を崩さずに移動して戻るステップを覚える

スイング前

右足から踏み出す

左足を後ろから送る

スイング後

スイング直後は左足に重心を乗せる

左足で軽く後方へ飛びながら、まず右足を引いて両足をそろえる

DVDでさらにCHECK!

スイング前は、右足から斜め前へ歩くように移動し、３歩目のタイミングでスイングする。ただし、３歩目のつま先が横を向いてしまうとスムーズに戻れなくなるので、必ずつま先を斜め前方へ向ける。スイング後は、一度右足を戻して体を相手コートに正対させる。左足でワンステップを入れながらツーステップで戻る。

カカトから着地させることで、ヒザが前へ出過ぎるのを防ぐことができる
3

再び右足、着地はカカトから

スイング
4

スイングをしてシャトルを打つ

視線を落とさない
7

あらためて右足を引く

8

左足を戻してホームポジションへ戻る

36 サイドフォア側へのフットワーク

ねらい!! フォア側サイドへ移動して戻るステップを覚える

スイング前

1

ホームポジションからスタート

斜めに動く前方や後方に比べて距離が短いので、上体はネットに正対したまま移動
2

右足を横へ出す

3

左足を右足の後方へ送りながら、上体をひねる

7

スイング直後は上体を起こす

8

左足に重心を移す

ラケットを立てる
一度両足をそろえる
9

まず右足を引き付ける

DVDでさらにCHECK!

右足を横へ出し、左足を右足の後方でクロスさせるようにスライドしながら上体をひねってスイングを準備。右足のつま先を真横よりも斜め前に向けて３歩目を踏み込みながらスイングし、着地と同時にインパクトする。スイング後は右足を一度引いて両足をそろえ、左足、右足の順に戻してホームポジションへ戻る。

右足をカカトから踏み込みながらスイング

右足のつま先を着くと同時にインパクト

上体がスイングに負けないように右足で踏ん張る

左足を送る

再び左足に重心を移す

右足もホームポジションへ戻す

DVD5-02

37 サイドバック側へのフットワーク

ねらい!

体勢を崩さずにサイドへ移動して戻るステップを覚える

スイング前

1

ホームポジションからスタート

右足のつま先は、
斜め後方に向き
やすいので注意
2

左足を横へ出す

スイング後

5

ラケットを振った勢いを活かす

6
ラケットを振った腕の勢いで、体をネットの正面に向ける

上体と右足を戻す

DVDでさらにCHECK!

左足を横へ出す。右足は左足の前方を通過させ、つま先を真横に向けてカカトから着きながらスイング。打点は真横よりも前方で捉える。ラケットを振った勢いを利用して、上体を相手コートに正対させ、まず右足を戻す。両足をそろえてから、右足、左足の順にサイドステップを踏んでホームポジションへ戻る。

左足の前方を通過した右足を、カカトから着く

右足のつま先は真横に向けた体勢でスイング

右足からのサイドステップ

左足を寄せてホームポジションへ戻る

DVD5-03

38

後方フォア側へのフットワーク

ねらい!! 後方へ体勢を崩さずに移動して戻るステップを覚える

スイング前

1

ホームポジションからスタート

2

右足を後方へ引いて重心を乗せ、左足を引き寄せる

3

左足は右足の後方へ引いてクロス

スイング後

カカトから
着地
7

右足から着地

8

左足を引き寄せて両足をそろえる

右足からコート中
央へ向かうと、体
が左方向を向くた
め、返球に不向き
9

左足からコート中央へ

DVDでさらにCHECK!

右足を斜め後方へ踏み出し、左足を右足の後方へ送ってクロスさせ、３歩目で右足をさらに後方へ踏み出す。右足に重心を乗せて、スイングする。ラケットを振りながら右足を前方へ出して着地し、左足を引き寄せて両足をそろえる。最後は、左足から順に送ってホームポジションへ戻る。

右足をさらに後方へ引いて、重心を乗せてスイング体勢に入る

テイクバックをとりスイング開始

ラケットを振りながら右足を前へ出す

両足をそろえる

再び左足から移動

右足を引き寄せてホームポジションに戻る

39 後方バック側へのフットワーク

ねらい! 体勢を崩さずに後退して戻るステップを覚える

ホームポジションからスタート

左足に重心を乗せる

右足は左足の後方へ引く

軽く跳び上がって勢いをつけてもよい

左足に重心を乗せながら、右足を右前方へ出して着地

右足に重心を移す

DVDでさらにCHECK!

ホームポジションから左足に重心を乗せ、右足を左足の後方へ引いて、左、右の順番で後方へ送る。右足を引いたら重心を乗せてスイング。ラケットを振る勢いを利用して左足へ重心を移し、右足を右前方へ着く。左足を引き寄せて両足をそろえ、右、左の順にコート中央へと足を送り、ホームポジションに戻る。

左足も後方へ引く

右足をさらに後方へ送って重心を乗せる

伸び上がりながらスイングを始める

一度、左足を寄せて両足をそろえる

右・左、右・左の順に足を送り、ホームポジションへ

NG!

スイングの勢いに負けて右足を左前方へ着くと、上体が左を向いてしまい、ホームポジションへの戻りが遅れてしまう。

DVD5-04

40

跳びつき

ねらい!

通常のステップでは打ち込めない球に対応する

フォア　スイング前

1.

シャトルの軌道に体を向ける

右足を大またで踏み出す

右足に重心を乗せる（歩数を少なく）
4.

大きく跳ぶ

バック　スイング前／スイング

9.

左足を１歩、大またで踏む

重心を乗せて跳び上がる

跳びながらスイング（体はネットと正対させる）
12.

バックはコート外側の足で
先に着地

DVDでさらにCHECK!

跳びつきの最大の利点は、目的地までの移動時間を短縮できること。なるべく歩数を少なくすることが大切になる。助走の１歩を大またでとり、大きく跳んでスイングする。着地後はヒザでショックを吸収して、素早いサイドステップでホームポジションへ戻る。重心移動の幅が大きいため、上体が打った方向へ流れがちなので注意。

スイング

左足をコート内側へ着く

右足の着地は、ヒザを柔らかく使ってショックを吸収する

左足からのサイドステップでホームポジションへ戻る

左ヒザでショックを吸収し、右足へ重心移動

右足からのサイドステップで戻る

NG!

上体が打球方向へ向いてしまっている。

コート中央寄りの足がサイドへ出てしまい、戻りが遅くなる。

DVD5-05

41 フットワークの練習方法

ねらい!! 移動方向を選択し、素早く正しいステップを踏む

DRILL 1 バックサイドの移動

バックサイド後方→前方へのフットワークを練習。

相手コートにいる指示者のシャトルを見ながら移動
1

ホームポジションからスタート

指示者はコート後方の隅を指示
2

1つめのポジションへ移動

3

素振りをする

4

一度、ホームポジションへ戻る

指示者はネット前を指定
5

2つめのポジションへ移動

6

ネット前へ落とされたシャトルを打つ

DVDでさらにCHECK!

相手コートから自陣コート四隅のうち２カ所を移動するように指示を出す。選手はホームポジション→最初の指示エリア→ホームポジション→２つめの指示エリアへとステップを踏んで移動。１つめのポジションでは素振りをし、２つめのポジションでは相手コートから投げ込まれたシャトルを実際に打つ。

指示者
練習者

DRILL 2 フォアからバックの移動

フォアサイド後方→バックサイド前方へのフットワークを練習。

1 ホームポジションから１つめのポジションへ移動してテイクバック

2 素振りをする

着地の姿勢が間違っていると、ホームへの戻りが遅れる

3 指示者は相手コートから着地の姿勢が正しいかチェックする

相手コートから目を離さない

4 ホームポジションへ素早く戻る

指示者はネット前を指定

5 スムーズに２つめのポジションへ移動

慣れてきたら、指示を出さずにシャトルを投げ込んでもよい

6 投げ込まれたシャトルを打つ

column 6

技術もルールも変化していく
時代と共に変わるバドミントン

科学技術の進歩により、バドミントンの技術も発展している。
以前は木製で保管も大変だったラケット、鶏の羽を使って作られていたシャトルなど、
現在とはずいぶんと違う。新しいラケットやシャトルが開発されるにつれ、
選手のプレイスタイル自体も変わってきた。

シャトルの変化

現在は水鳥羽のシャトルが一般的だが、以前は中学生以下の大会などでナイロン製が用いられたことがあった。

ナイロン製シャトルの場合

ナイロン製シャトルは、水鳥羽と打球感が異なる。大きなスイングでなければ制球できなかったので、肩の力で打つのが主流だった。

ラケットの変化

昔は、カーボン製ではなく木製だったため、ラケットが重かった。ガットも細く反発性がよくなり、性能が向上している。

よりコンパクトなスイングへ

シャトルの変化とラケットの軽量化により、現在は相手に時間を与えないコンパクトなスイングが主流となった。

サービス権撤廃により攻撃重視に

2006年頃からサービス権を撤廃したラリー制が主流となり、試合が高速化。攻撃重視のスタイルが求められる時代になった。

Part 6

サービス

サーバーはいつでも試合を優位に進めることができる。
フォアとバック、ロング、ショートとミドルを使いわけ、
ゲームの主導権を握れるようにしておこう。

42

サービスのルール

ねらい!

ゲームのスタートのさせ方を理解する

サービスエリア

シングルスとダブルスではサービスエリアが違う。現在はショートサービスからゲームを開始するのが一般的。

シングルスのサービスエリア

バックバウンダリーラインぎりぎりを狙う

ダブルスのサービスエリア

ネットぎりぎりの高さでサイドに落とす

サービスには細かいルールがいろいろあるが、ここではサービスの有効範囲と代表的なフォルト（反則）を紹介する。オーバーハンドはわかりやすいが、オーバーウエストは予備知識が必要だ。バドミントンでは、ろっ骨の一番下の高さをウエストラインと定めているので注意する。

サービスのフォルト

以下の行為はフォルトとされ、相手に得点が入ってしまう。

オーバーウエスト

オーバーウエストはバックサービスのときに特にとられやすいフォルト

ろっ骨の一番下の高さよりも打点が高い

オーバーハンド

スイングする手の甲よりも打点が高い

ラインクロス

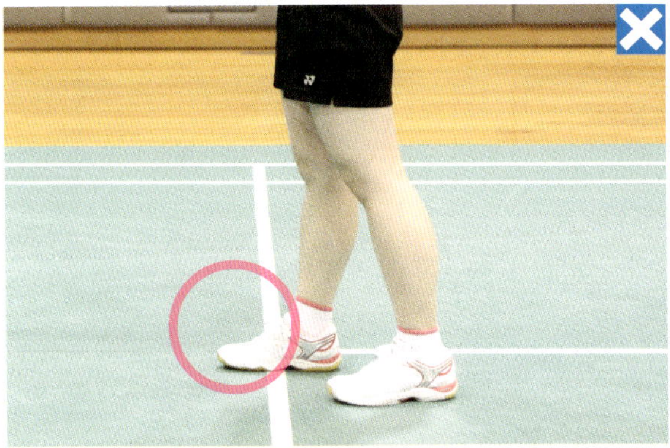

サービスラインを踏む、あるいは越えている

フットフォルト

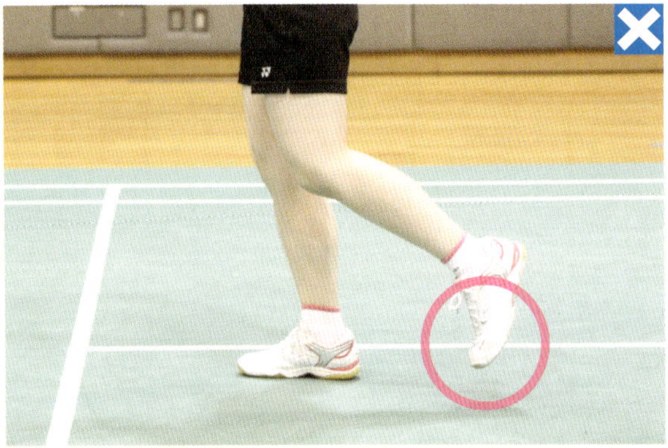

両足をコートに着いていない

43

フォアサービス

ねらい!

ロングサービスの基本となるフォアサービスを覚える

ロング

シャトルを相手コートの上に高くあげ、そこから真下に落とすサービス。上体のひねりを利用したスイングがポイント。

大きくテイクバックをとる

手首を開いて反動を得る

左足から頭までが一直線となる体軸を作る

打球を高く上げるため、打点は前方で捉える

腰をひねって全体の力で打ち、上体を起こしてラケットを振り上げる

サイドから打つ意識をもつ

ロングサービスは、左足から頭までが一直線になるように構え、上体をひねってサイドからラケットを振り上げて打つ。打点は右斜め前。横からスイングすることで遠心力を活かす。ショートサービスは、同じ構えから小さなスイングでシャトルを押し出すだけで振り上げない。コースを読まれないよう、ショートとロングを織り交ぜる。

ショート

大きくテイクバックをとらずにシャトルを押し出すサービス。ショートサービスはバックハンドが一般的だが、フォアハンドも覚えておく。

テイクバックは小さく

手首の反動は使わない

スイングも小さく

シャトルははじかずに押し出す

ラケットは振り上げずに自然なフォロースイングをする

体に近い打点で捉える

44

バックサービス

ねらい!

実践的なバックハンドサービスを確実にマスターする

基本の打ち方

視線を前に向けたまま、左手に持ったシャトルを押し出すようにして打つ。

相手から目を離さない
シャトルはできるだけ体に近いポイントで打つほうが、コントロールしやすい

シャトルは直立時のヒジより下に構える。ショートは小さいテイクバックから押し出し、右ヒジが伸びたらスイングを止める

POINT!

フォルトをしないためには

バックサービスはフォルト（反則）を起こしやすいので注意が必要。右腕はヒジを上げ、左腕はインパクトの瞬間までシャトルの位置を動かさないように注意する。

左手に持ったシャトルを押し出すようにして打つ。ショートは、左ヒジを越えない程度のテイクバックをとり、インパクト後に右ヒジが伸びたらスイングを止める。ロングは、左腕のヒジまでテイクバックをとってスイングを始める。インパクトの瞬間は、手首を内から外へ返すため、フォロースイングが少し大きくなるのが正しいフォーム。

テイクバックの比較

「ロング」と「ショート」はシャトルを飛ばす距離を意味する。テイクバックの大きさで調整。

ロングは、ショートよりも大きくテイクバックをとる

フォロースイングの比較

ロングサービスでは手首を返し、フォロースイングを大きくとる。

ロングは、手首を返すぶんだけフォロースイングがショートよりも大きくなる

45

サービスの練習方法

ねらい!! 的確にコースを打ちわけ、優位な展開に持ち込む

DRILL 1 ゴムひも通し

ネットの上にゴムひもを張って、シャトルを間に通す。

ネットにかかるか、かからないかのラインを狙う。シャトルがネットに触れて相手のコートに入っても有効
前から見ると

右ヒジを上げて構える。ヒジが下がるとオーバーハンドのフォルトになりやすいので注意する

ネットの白帯とロープとの間を通し、狙ったエリアへ配球する

低く、速く、正確な打ちわけで相手の対応を遅らせ、先手を奪うのが試合の必勝方法。白帯からシャトル１つ半ほどの空間を作ってロープを張り、ネットとの間を通すようにサービスを打つ練習で打ちわけの精度を磨く。10球中３～５球は、宣言したエリアにコントロールできるようにする。

DRILL 2 カゴ入れ

ゴムひも通しの応用練習。相手コートに置いたカゴを狙ってサービスする。

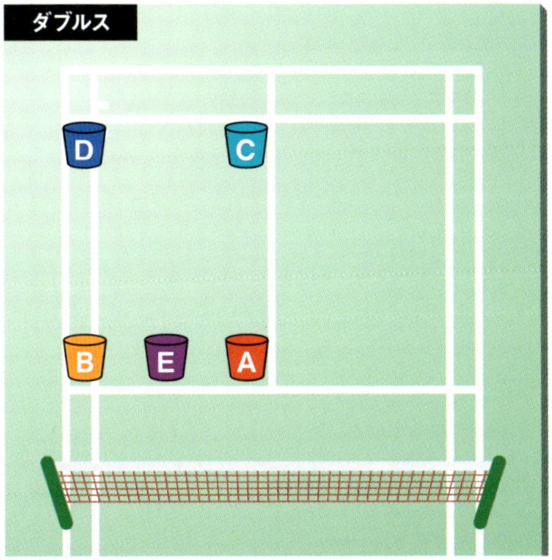

A センターライン側の手前

いきなり攻撃を受ける可能性が回避できるコース。角度がないため、サイドへのヘアピン攻撃を避けることもできる。

B サイドライン側の手前

前方へ落とすので、いきなり打ち込まれにくくなり、ラリーに持ち込みやすくなる。

C 相手コート後方の中央

打ち込まれる可能性は高いが、どこを狙われても球速が均一になるので、比較的返球がしやすい。
甘いリターンならばカウンターを狙うことができる。

D 後方サイド

クロスへの距離が圧倒的に長くなるので、ストレートへのリターンが多くなると予想できる。

E 相手前衛の正面

相手はバックハンド（右利きの場合）でのスイングになるので、クロスにはリターンしづらくなる。
つまり、ストレートへ返球される可能性が高いので、３球目の対応がしやすくなる。

46

サービスリターン

シングルス

ねらい!! それぞれのコースの利点を知って使いわける

後方への返球で時間を稼ぐ

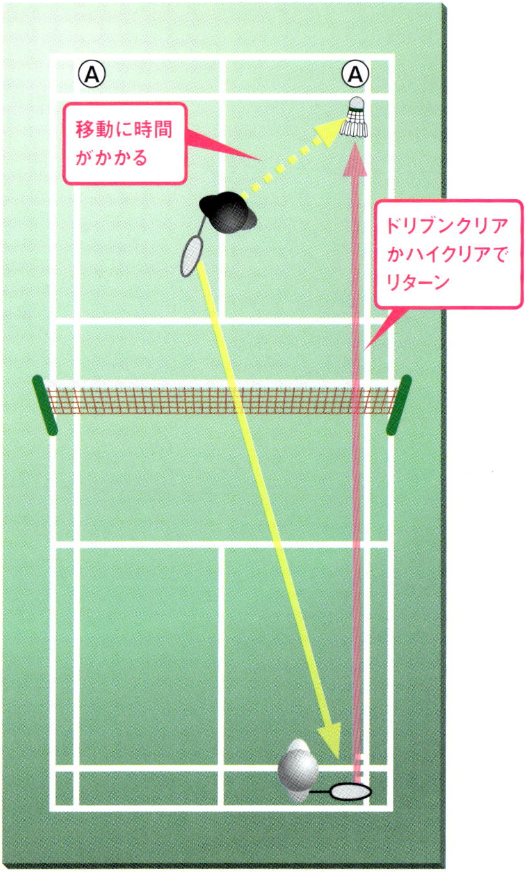
Ⓐ
Ⓐ
移動に時間がかかる
ドリブンクリアかハイクリアでリターン

ドリブンクリア、ハイクリアで相手を後方へ動かして返球の時間を稼ぐ。サイドのコースを狙わないとカウンターにあう可能性が高くなるので注意

リターンエースを狙う

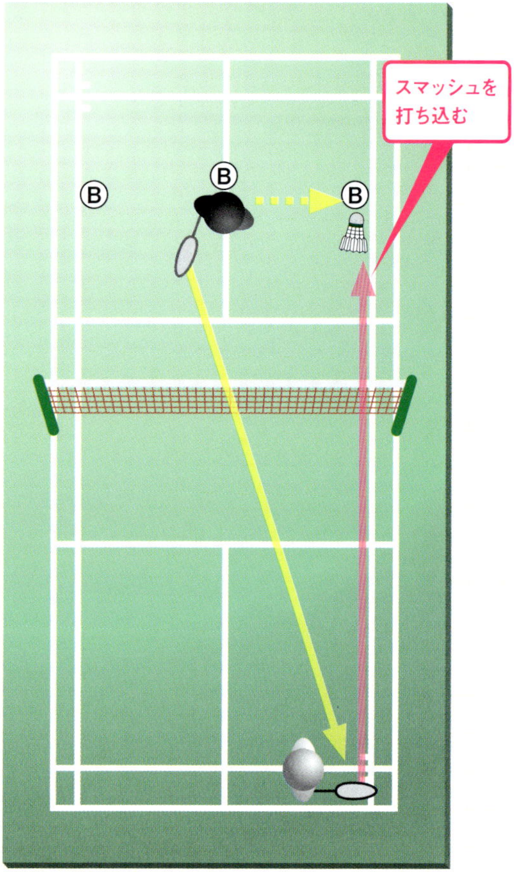
Ⓑ
Ⓑ
Ⓑ
スマッシュを打ち込む

サイドへのスマッシュでリターンエースを狙う。何度か繰り返してサイドを意識させたあと、中央（ボディ）へ振るのも有効だ

DVDでさらにCHECK!

サービスリターンの効果的なコースを３種類紹介する。ロングの場合はスマッシュやカットを狙うが、体勢を崩された場合は相手コート四隅のいずれかに返球し、自陣に相手から遠い場所を作ってラリーで応戦する。ショートサービスの場合は、プッシュのほかにセンター手前への早い返球で先手を奪う手段も有効。

ネット際でスタミナを奪う

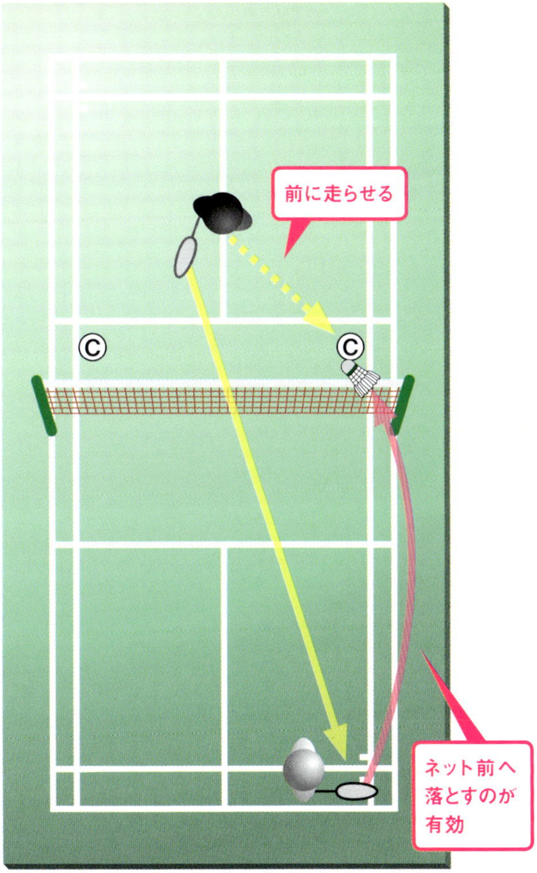

前に走らせる
ネット前へ落とすのが有効

カットやドロップで相手をネット前に動かして、足に疲労を蓄積させる。クロスをしっかり狙わないとカウンターを受ける可能性もある

× NG!

移動距離が短いので対応されてしまう
2
移動距離が長いので遅れて体勢が崩れる
1

センター奥は相手のチャンス

②のロングサービスに対し、①が相手コートのセンター奥に返すのはNG。②は移動距離が短いので簡単に対応され、サイド奥にカウンタースマッシュを打ち込まれてしまう。

DVD6-05

47

サービスリターン

ダブルス

ねらい!

それぞれのコースの利点を知って使いわける

後衛をサイドに寄せる

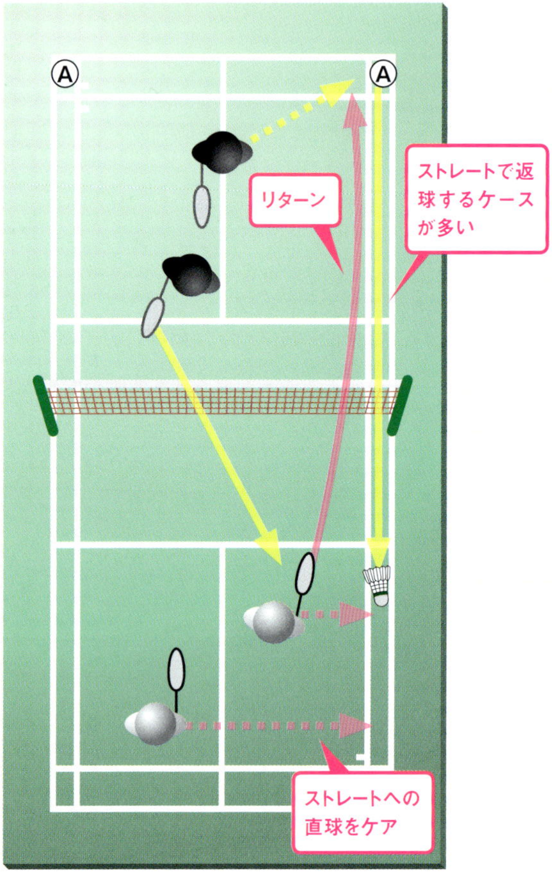
A
A
リターン
ストレートで返球するケースが多い
ストレートへの直球をケア

プッシュでリターンエースを狙えるコース。相手の後衛を意図的に片方のサイドへ寄せ、相手が返球しやすいストレートをケアする

ストレートに返球させる

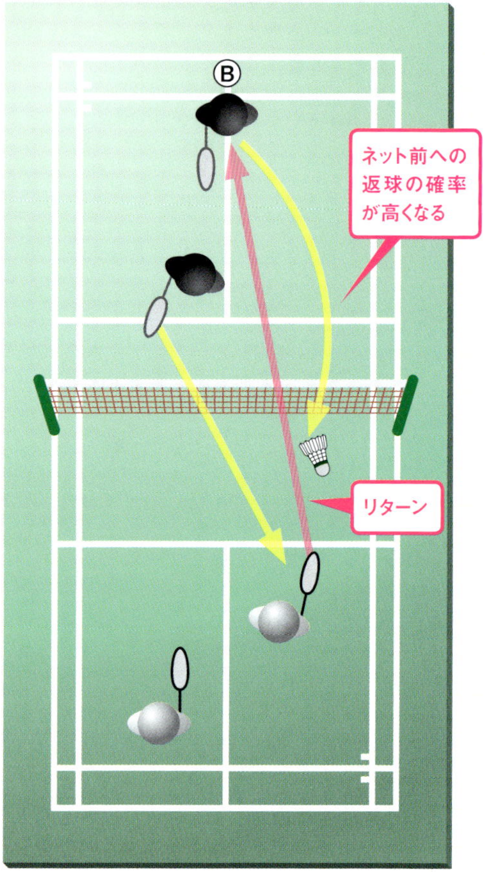
B
ネット前への返球の確率が高くなる
リターン

相手後衛のボディを狙うコース。相手は返球に横の角度をつけるのが難しく、味方の前衛が対応しやすくなる

ダブルスのサービスリターンのコースを４つ紹介。ダブルスの場合サービスリターンは、最初の攻撃チャンスとなる可能性が高いシチュエーションだ。相手の返球コースを読み、４球目から攻撃に持ち込む。大切なのは、リターンと同時にペアが狙いを共有すること。球質やコースを読み、お互いが素早く次のポジションを取る。

間に落として迷わせる

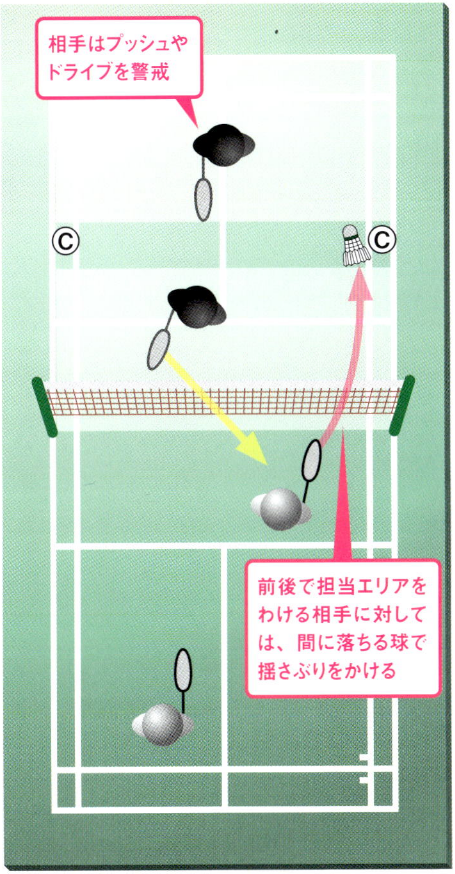
相手はプッシュや
ドライブを警戒
C
C
前後で担当エリアを
わける相手に対して
は、間に落ちる球で
揺さぶりをかける

両サイドＣの位置は、相手の前衛と後衛の間になる。どちらがとるか迷わせることで、対応を遅らせて主導権を握る。ポイントはプッシュのフォームをしながら前に落とすフェイントをかけること

サイドから中央に返球させる

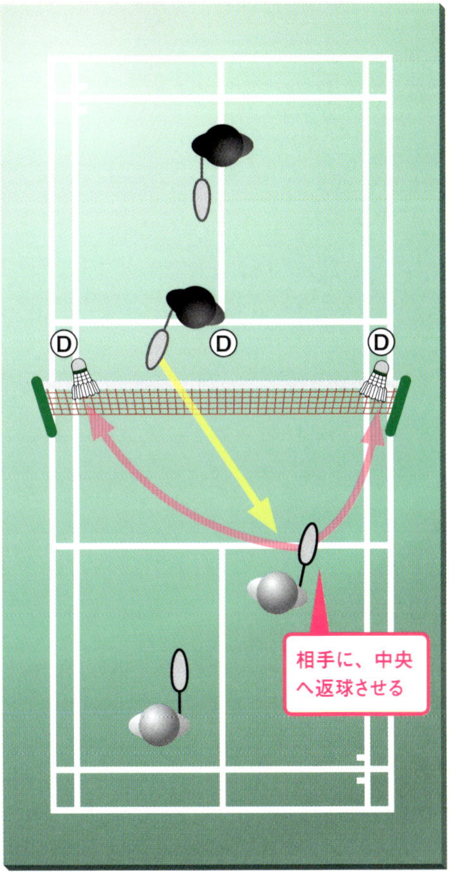
D
D
D
相手に、中央
へ返球させる

最も早いタイミングで返球できるコース。前に落として相手がロビングを打ってきたところを攻撃する

シングルスとダブルスの違い

それぞれに面白さや魅力がある

シングルスとダブルスでは、戦い方がまったく異なる。
シングルスは長いラリーの勝負になるし、
ダブルスは一瞬で勝敗が決まる展開になる。
それぞれの特徴を知って有利な試合展開ができるよう戦術を立てることが重要だ。

1 シングルスのラリー

シングルスは、ダブルスに比べて1人分の運動量が多い。相手を大きく動かし、スタミナを奪う戦術が基本だ。

2 ダブルスのスピード感

ダブルスは、どのエリアへ打っても相手がいる。試合のテンポが早く、瞬発力の勝負になるケースが多い。

3 ダブルス特有の狙い撃ち

バドミントンのダブルスは、打つ順番が決まっていない。２人がかりで相手の片方の選手を狙う戦い方もできる。

4 選手の個性が戦術に直結するダブルス

ダブルスでは、特徴の強い選手を生かす戦術、対抗策が練られる。パートナーの長所をいかに引き出すかを考えて、自分たちの強みを活かす。

5 ダブルスは敵が3人？

ダブルスでは、ペアの調子が悪いと「敵が３人」に見えてくることがあるのだとか。そうならないよう、２人でしっかりコンディションを整えておく。

Part 7
ダブルスの戦術

ダブルスのフォーメーションは2つある。
相手の出方でフォーメーションを入れ替えてゲームを進めよう。
まずは試合を楽しむことがファーストステップだ。

基本フォーメーション

ねらい!

攻撃、守備のときに効果的なフォーメーションを覚える

サイドバイサイド

２人が横並びになり、スマッシュ、サイドへの攻撃に備える守備のフォーメーション。間をねらわれることもあるので、声を出し合いながら拾う。

より広範囲を守れるフォーメーション
２人の間に落ちそうな球は声を出し合って対応

初心者は特に、サイドバイサイドを覚えるのが基本。パートナーの動きを確かめながら、チャンスになったらトップ＆バックへ移行する練習をする

POINT!

左右どちらかに寄って守る

サイドバイサイドは、２人の守備範囲を中央でちょうど半分にするわけではない。相手の返球コースを読み、左右どちらかに寄って守る。片方の守備範囲は少し広くなるが、コースが読めればそれだけ対応も早くなる。

ダブルスでは、自陣を２つにわけて担当するのが原則。なかでも、基本フォーメーションとして知られる形が２つある。横に並ぶ「サイドバイサイド」は、左右にわかれて各エリアを担当し、より広範囲をカバーできるため守備の陣形として用いられる。縦に並んで前衛、後衛にわかれる「トップ＆バック」は主に攻撃時に用いられる。

トップ＆バック

前衛が前を守り、後衛がスマッシュを打つ攻撃のフォーメーション。サービスを打つときもこの形を用いる。

スマッシュ、カット、ドロップで積極的に攻める後衛
前を守り、相手が崩れたところで攻撃する前衛

後衛はスマッシュ、ドロップ、カットを打ち込んで攻める。前衛は相手のレシーブが押されたところへプッシュやスマッシュでたたみかける

POINT!

前衛はサイドを、後衛はストレートをケア

トップ＆バックでは、前衛はサイドをケアし、後衛はストレートをケアするのが基本。そのため、前衛はサイド後方に来た球にも反応できるようにしておく。反対に後衛は、ストレート前方に来た球は積極的にとりにいく。

49

ローテーションの考え方

ねらい!! 攻守を交代するタイミングを覚える

CASE 1 サイドバイサイドからトップ&バックに移行

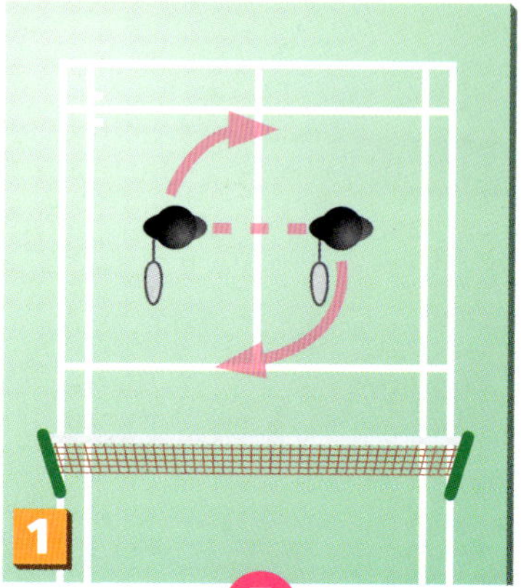

相手が大きく返球してくるなどのチャンスボールを上げてきた瞬間にローテーション。後衛はスマッシュやプッシュで攻められるように準備すること

サイドバイサイドの状態から、一方の選手が前方へ出たら、パートナーは反対サイドから後方へ

ポジションを変えるときは、パートナーとの距離を等間隔に保つのが基本。コートの中央に軸を置き、常に互いが対角の位置にいることを意識する。先に動いた選手が左右どちらに動くかによって左回り、右回りが決まる。ここではローテーションのケースを２つ紹介する。

CASE 2 トップ&バックでフォアとサイドを入れ替える

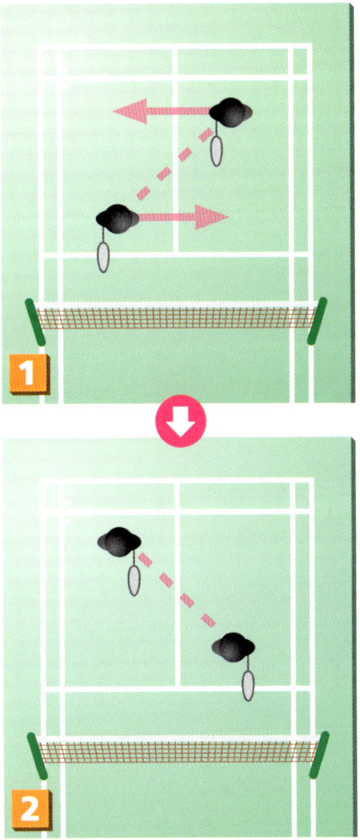

前衛はサイドを、後衛はストレートをケアする原則がある。前衛がサイドバック側の返球を予測して動いたら、後衛はその対角線上に移動する

常に対角を意識してポジションをとり、パートナーが左右に動いた場合は、逆サイドに寄る

50

実践的なフォーメーション

ねらい!! 実戦でのローテーションのタイミングを覚える

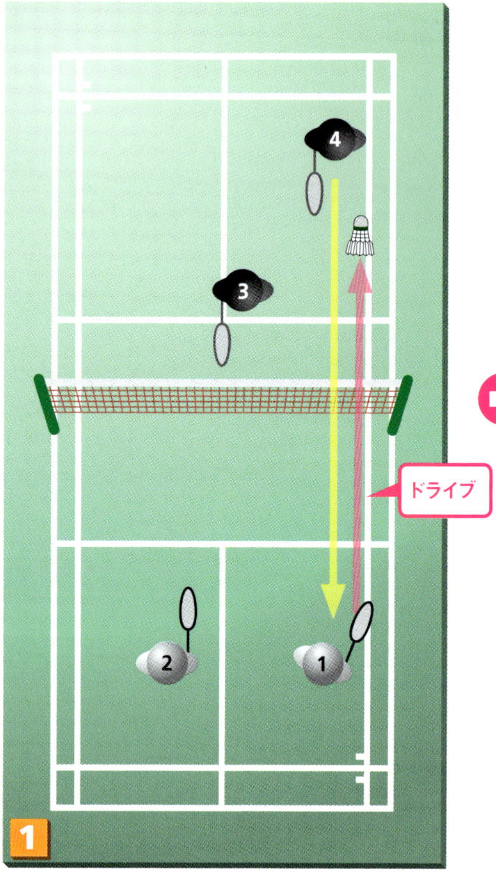

④がスマッシュを打ち、①がドライブで返す。③が触れられないようなコースにドライブを打つのがポイント

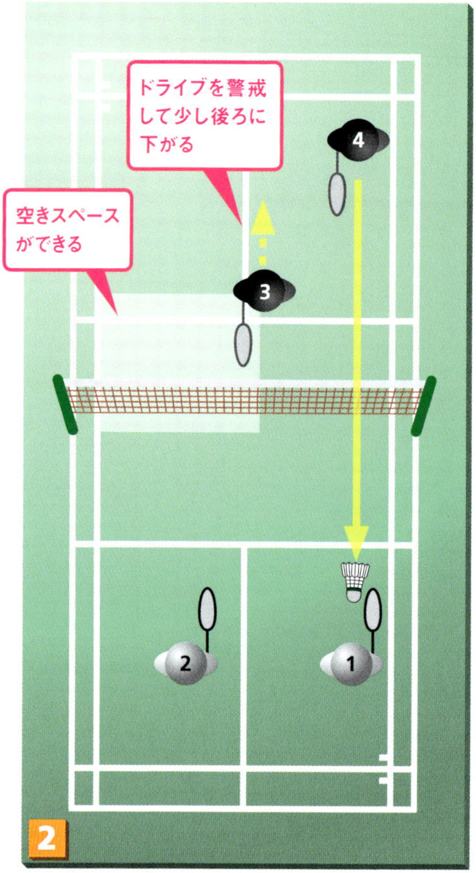

④が返球。③は①がドライブを打ってくることを警戒し、少し後ろに下がる。③が下がったことで、相手コートのネット前に空きスペースができる

DVDでさらにCHECK!

実戦でフォーメーションを切り替えるタイミングを覚える。打者が先に動く場合や、味方の打球を見たパートナーが先にポジションを変える場合がある。相手の返球に対して予測を立てて返球コースに位置をとることで優位に立ち、パートナーは自陣にウィークポイントが生まれないようにポジションをとり直す。

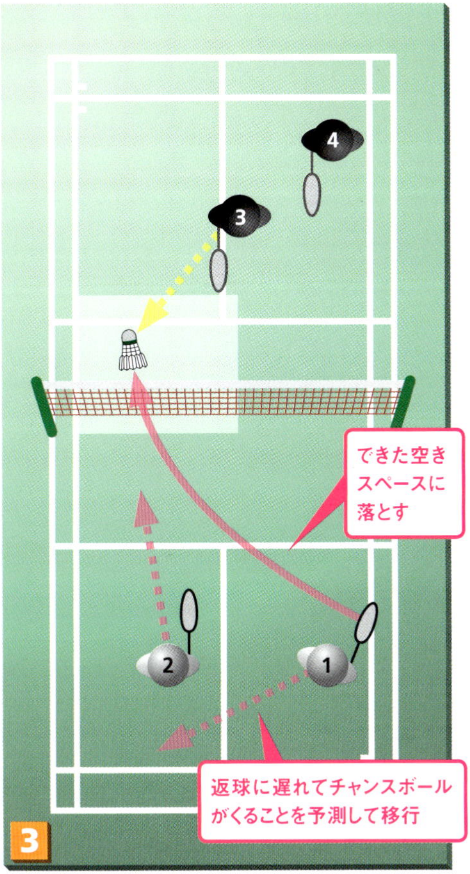
できた空きスペースに落とす
返球に遅れてチャンスボールがくることを予測して移行
3

①が空きスペースに落とす。③が対応に遅れ、大きく返球してくることを予測して攻守を交代する

4

フォーメーション変更が活かされて、①は余裕を持って攻撃ができる

51

攻撃型のペアに対する戦い方

ねらい!! 攻撃力のある相手には、主導権を与えず攻め込む

①がショートサービスを打つ。ロングサービスだと、いきなり高い打点から打ち込まれてしまう

④は対応に遅れ、大きく返球してしまう

攻撃力のある相手に対する戦い方のカギは、とにかく打ち込ませない展開に持ち込むこと。そのためには、攻撃の主導権を握り続ける必要がある。特に重要なのはネット前の攻防。後方へ上げてスマッシュなどを打ち込まれるのを避けるだけでなく、クロスネットに落とせば相手に大きな返球を迫って先手を奪うことができる。

③がプッシュでサービスリターン。②はプッシュで打ち込まれた球を、低く速くクロスに返球する

POINT!

後ろに空きスペースがあっても狙わない

相手前衛の後ろが空きスペースになることがある。しかし、攻撃力のある相手なら、強いドライブを打ってくる可能性があるのでそこには返球しないこと。あくまでネット前の攻防で勝つ展開に持ち込む。

NG!

ストレートへの返球は打ち合いになる

攻撃力の高い相手には、ドライブなどでのストレートの返球は避ける。プッシュで狙われて打ち合いになるからだ。また、後方に返球すると、スマッシュを打ち込まれてしまう。

52

守備型のペアに対する戦い方

ねらい! サイドバイサイドで守る相手を崩す

①がコート手前に球を落として相手の体勢を崩し、③が大きく返球する

DVDでさらにCHECK!

②はスマッシュのモーションから、カットを打ち相手の間に落とす。スマッシュを警戒していた相手は、カットに反応できない

守備力のあるペアが相手の場合、単にスマッシュを打ち込むだけではなかなか決まらない。サイドバイサイドに構える相手はコートの左右に対する守備意識が強いので、ドロップやカットを混ぜて前後に揺さぶるのがセオリーだ。また、相手が２人ともレシーブを意識して迷うことを誘うために、相手の間に打ち込むことも有効。

②がスマッシュを打ち込む。何度か連続して打ち込むと効果的。相手はスマッシュを警戒するようになる

POINT!

前段階でのスマッシュが大切

揺さぶりをかける球だけでなく、前段階が大切。厳しいスマッシュを連続して打ち込み、スマッシュレシーブに意識を釘付けにする。
また、さまざまなバリエーションのショットが打てるようになったら「カットスマッシュ」を練習してみるのもオススメだ。「カットスマッシュ」とはスマッシュの勢いのままシャトルが前に落ちるショット。最後のカットをカットスマッシュに変えられればさらに効果的だ。

フェイントを効果的に使う

戦術を活かすためには、相手にコースを読まれないことがカギだ。そのためにフェイントが有効な手段となってくる。基本的なストロークを覚えたら、スマッシュのモーションからカットを打つ、スマッシュのフォームからドリブンクリアを打つといった練習をする。自分で立てた戦術が成功する確率が高まる。

column 8

戦術の立て方

勝負の決め手は戦い方

試合はコートに入る前から始まっている。
対戦相手のプレイスタイルを見て特徴をつかみ、
戦略をたてる「スカウティング」をして、余裕を持ってコートに入る。
試合中に自分が不利になってもあせらず、自信を持ってプレイすること。

1 まずは対戦相手をスカウティング

相手の特徴を知ることが、勝利への近道。試合中に特徴がわかることもあるが、ゲーム前に知っていればそれだけ戦術もたてやすい。

2 試合の終わり方、勝ち方をイメージする

最終的に相手のスタミナ切れを狙うなら、途中で失点するかも、というリスクはあるが、とにかくラリー。相手を動かし続けることに専念する。

3 ラストの展開を重視し、途中経過に焦らない

攻撃力のある相手に決められていても焦らないこと。対応に慣れてショットが決まらなくなってきたとき、動揺するのは相手のほうだ。

4 精神面で優位に立つ

相手の調子がよいときは、「ゆっくり」。サービスもじっくりと構えて相手の気をはやらせる。逆に、自分が焦れば相手の思うツボなので注意。

5 3ゲーム制を活かす

相手に1セットとられそうなときは、そのセットで十分に相手の体力を奪っておく。最終セットでスタミナを残しておけば勝機はある。

Part 8

シングルスの戦術

試合の楽しさが実感できたら、シングルスに挑戦!
5つの攻撃パターンを知っておけば、
勝利するよろこびに気づくはずだ。

53 弱点の徹底攻撃から先手を奪う

ねらい!! 苦手コースを徹底的に攻める

CASE 1 後方からの返球が弱点

大きく打って後ろに釘付けにし、返球が甘くなってきたところを攻める。

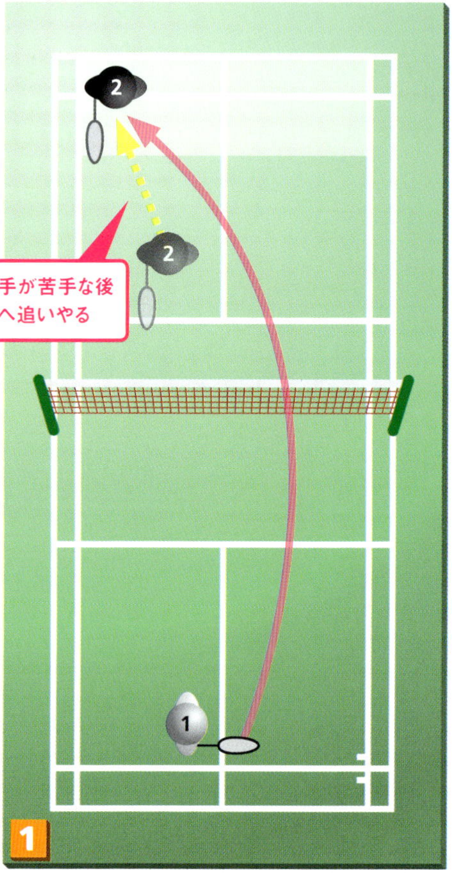
2
2
相手が苦手な後方へ追いやる
1
1

②はパワーがなく、後方からの強い返球ができないタイプ。①ははじめに何度か後方へ打ち込んで釘付けにする

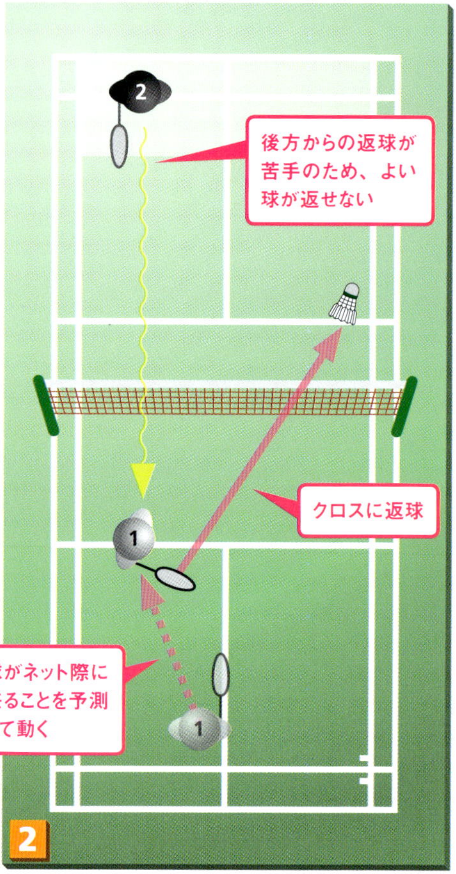
2
後方からの返球が苦手のため、よい球が返せない
クロスに返球
1
球がネット際に来ることを予測して動く
1
2

②は後方からの球出しが苦しくなり、甘い球（ミスショット）を打ってくる。①はそこをサイドに振って決める

シングルスでは、大きくわけて２通りの戦術の立て方がある。ひとつは、相手の弱点をつきミスを誘う戦術。もうひとつは、自分の流れに持ってきて攻める戦術だ。ここでは、相手の弱点をつく基本的な戦術の考え方を紹介する。不得意な球種やコースを探し出し、集中的に配球。そこから揺さぶりをかけて駆け引きの先手をとる。

CASE 2 前方からの返球が弱点

前方に引き寄せておいて返球が甘くなってきたところを攻める。

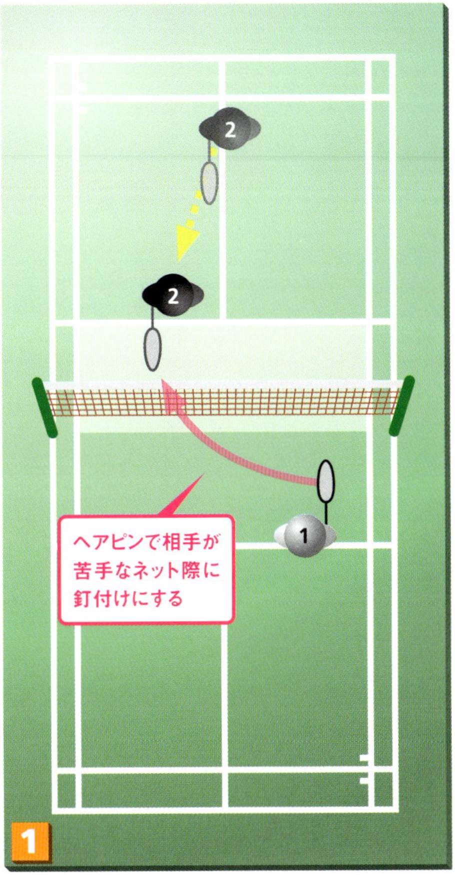
2
2
1
ヘアピンで相手が
苦手なネット際に
釘付けにする
1

②は小さく打つのが苦手で、ネット際の対応が弱点のタイプ。①はネット際に引き寄せておき、ラリーを展開する

ネット際の対応（ヘアピン）
が苦手で返球が甘い
2
1
1
2

②はラリーをしているうちに、返球が高く浮き上がってくる（ミスショット）ので、①はそこを攻めきる

54

相手の特徴を封じる戦い方

ねらい!! 相手の特徴をつかみ、対策を立てる

CASE 1 「スタミナ型」攻略法

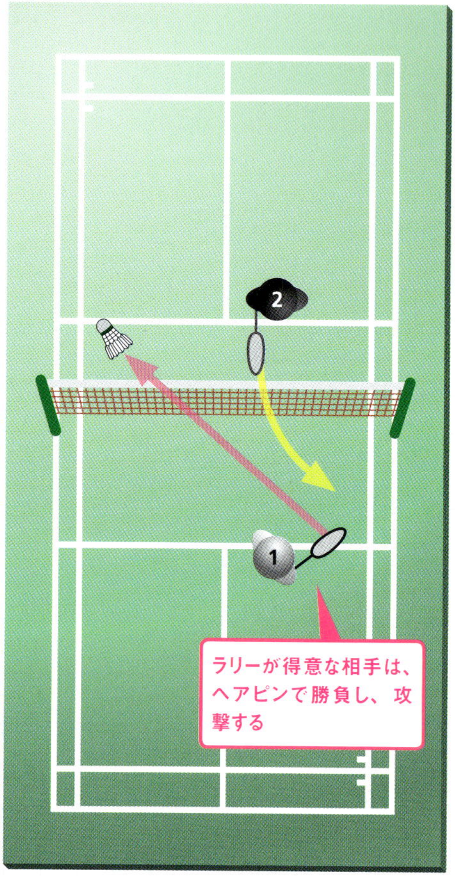
2
1
ラリーが得意な相手は、
ヘアピンで勝負し、攻
撃する

スタミナがあり長期戦が得意な②には、①は短期決戦での勝負が重要。ヘアピンのラリーで②の高い返球を誘う

CASE 2 「アタック型」攻略法

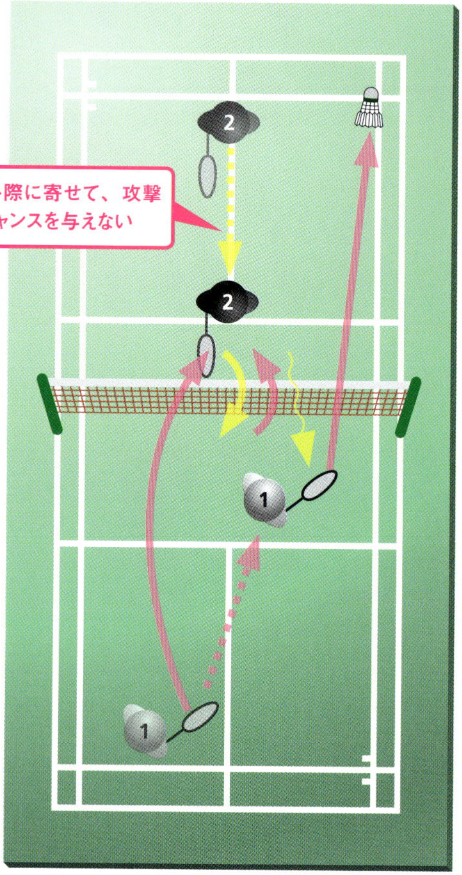
2
ネット際に寄せて、攻撃
のチャンスを与えない
2
1
1

パワーがあり後方からも打ち込むことができる②には、①は後方に高く上げず、ネット際に引き寄せる。①は②の返球が甘くなったところで攻撃

相手の特徴に応じた対策を立てておく。ラリーの展開を増やして長期戦に勝機を見出す「スタミナ型」、パワーがあって攻撃力の高い「アタック型」、スマッシュやドライブに対するリターンが得意な「レシーブ型」の３つに分類。それぞれの特徴を把握することで相手の長所を消して短所を突く戦い方を覚える。

CASE 3 「レシーブ型」攻略法

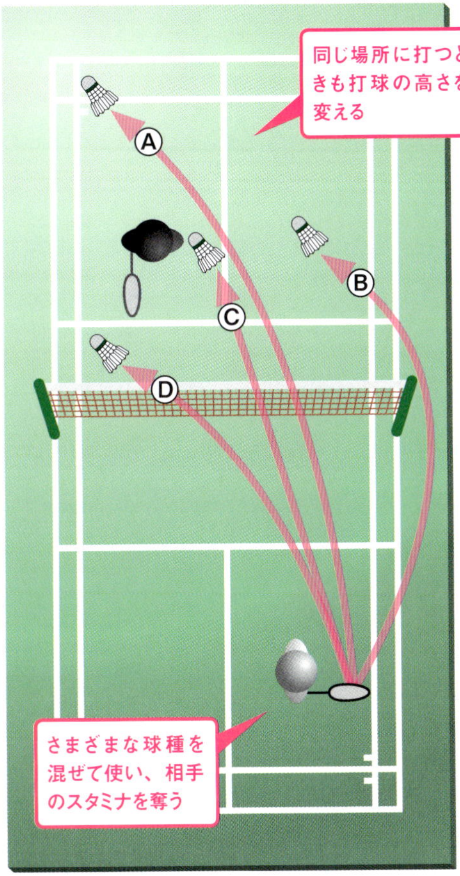

Ⓐ相手コート奥へのドリブンクリア Ⓑ高めのスマッシュ Ⓒ低めのスマッシュ Ⓓスマッシュモーションから低めに落とす、ドロップやカット

POINT!

相手の得点パターンをつかむ

実戦で生かすためには、事前にプレイスタイルを見て得意・不得意を分析し、戦略をたてるスカウティングも欠かせない。相手の得点パターンを情報としてつかんでおくことが大切だ。

それぞれのタイプの攻略ポイント

スタミナ型が相手の場合はラリーを避ける。アタック型、レシーブ型が相手の場合は前後に揺さぶる。レシーブ型の場合、相手に攻撃力がないので、あえてスマッシュを打たせてスタミナを奪ってもよい。

それぞれのタイプの相関図

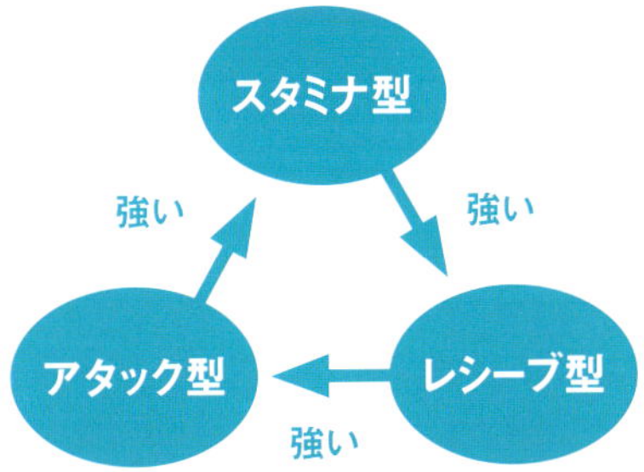

それぞれの長所と弱点を理解して戦術を立てる

長めのヘアピンで浮き球を誘う

ねらい!! ネット前の攻防から中距離ラリーに持ち込む

②がヘアピンを出す。ネット際の攻防を避けるために、①はサービスラインを越える程度の長めのヘアピンを出す

予測どおり②が後方クロスに上げたら、①がカウンターで相手コートへ打ち込む

打ち合いが得意な場合に用いたい戦術。通常、ヘアピンはネット際へ打つが、相手の対応が遅れない限り、打ち返されてネット際の攻防となるケースが多い。打ち合いに持ち込みたい場合は、長めのヘアピンが有効だ。相手はネット際への返球が難しく、球をあげてくる可能性が高い。そこでスマッシュを狙う。

長めのヘアピンはネット際に返すのが難しいので、②は球を後方に上げてくる。②が後方に上げてくることを予測し、①はラケットを立てて構えておく

POINT!

長めのヘアピンなら、相手のコースを読みやすい

サービスラインを少し越える距離のヘアピンは、相手の次の返球を読みやすい。まず、ネット際に返すのが難しいので、写真のように高く上げてくる可能性が高い。万が一ネット際に落とされたとしても、相手はサービスラインより奥から打ってくるので飛距離が長く、十分に対応に間に合う。

ネット際を避けるにはハイクリアとロビング

ネット際の返球が得意な相手にはハイクリア、ロビングで対応するのが基本。相手がネット際へ返せないようなショットを出すことでラリーを避ける。

56

前後に揺さぶりをかける

ねらい!! ネット前を警戒する相手の逆を突く

①はヘアピンで、相手の意識をネット際に寄せておく

ヘアピンのフォームで、相手の頭上を越すロビングを打つ。②が体勢を崩したところを攻める

フェイントのパターンを数種類持っているならこの戦術。打ち合いになると互いにより早く返球しようとポジションを前に取るため、ヘアピンのフォームをフェイントに利用すると効果的だ。スピンヘアピンなどで相手の意識と体を前方へひきつけ、同じフォームからロビングに切り替えて相手の頭上を越すロングリターンを狙う。

①はヘアピンのフォームで構えておく。②は、ネット際の返球に備えて前に出る

POINT!

ヘアピンを返すそぶりを見せることが大切

ロビングを打つ体勢になってしまうと、せっかく前に寄せた相手にコースを読まれてしまう。ヘアピンのフォームのまま、ロビングが出せるようにする。そのためには、ヒジから先のしなりを利用して、高く上げるのがポイントだ。

フェイントをマスターする

フェイントを使えば使うほど相手は疲労する。後方からホームポジションに戻ろうとするところを再度後方に押し戻す、といった戦術で相手の動きを一瞬止める。このように空いたスペースをあえて狙わない、というのも効果的な戦術だ。

57

守備からのカウンター攻撃

ねらい!! 相手の攻撃パターンを読み、守勢から攻勢に転じる

①は相手をネット際に寄せる。②はドライブで返球し、①が低くて速いロビングを打つ。相手はスマッシュに入る体勢が遅れる

①がクロスへ返球。②はまだコートの後方にいるので、拾いに行くことができない

レシーブに自信があるなら、守備から攻撃をしかける。低く速いロビングを使って前方から後方へ揺さぶる。相手が無理な体勢からスマッシュを打ったところを、相手から遠いクロスのコースへ運ぶことでカウンター攻撃を狙う。相手が焦りや苛立ちから打ち急いでいるときなどは非常に有効だ。

②が無理な体勢からスマッシュを出す。整っていない状態でのスマッシュなので、①はストレートの返球を予測できる

POINT!

あえてスマッシュを打たせる

レシーブが得意であれば、非常に有効な戦術。はじめに、後方へ球を上げておく。何度か上げてスマッシュを打たせてもなかなか決まらないことで相手は焦りはじめる。そこに、低いロビングを出せば、相手は無理にでもスマッシュを打とうとするのだ。体勢を崩しているところを冷静にクロスに振って決める。

相手ボディを狙う

スマッシュが得意な相手には低く速い球で対応する。もしくは、相手の利き手側、肩あたりを狙ってみる。肩口にきたシャトルは打ち返すのが難しく、スマッシュを打つこともできないのでコースをしっかり狙える自信のある人にはオススメだ。

練習の成果を120％発揮する

筋力トレーニング

バドミントンでよく使う筋肉の補強運動を行う。
筋力のアップだけでなく、ケガの防止も目的。
コツは、小さな運動をできるだけ素早く多く行うこと。

肩周り　ストロークで使う肩を鍛える

1

三角筋全体を鍛える

2m程度のゴムチューブを用意する。肩幅より少し狭い距離で、ゴムチューブが少し緊張するように持ち、両腕を外側へ開く。閉じる、開くの動作を30秒ほど素早く繰り返す。ヒジは伸ばし、胸を張る。

2

三角筋の外側を鍛える

ゴムチューブを等分するように両足で踏んで固定。チューブは親指が床、小指が天井へ向かうように持ち、天井向けに小さく上下動させる。30秒ほど繰り返す。

コアトレーニング　体の軸を強化してバランスを調整する

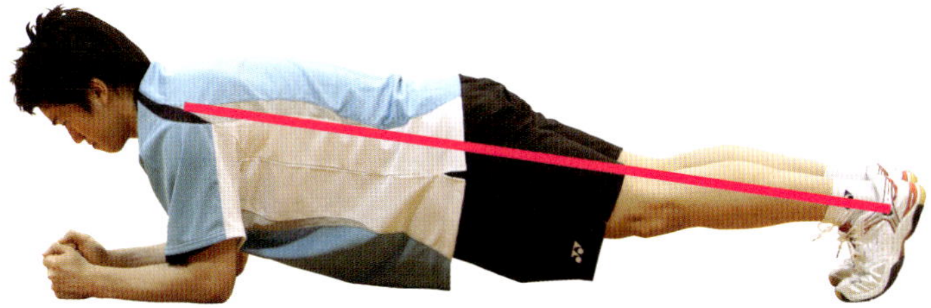

1

上腹部、下腹部を鍛える

肩幅でヒジを床に着き、下腹をへこませるように力を入れる。肩からかかとまでが一直線になるように。

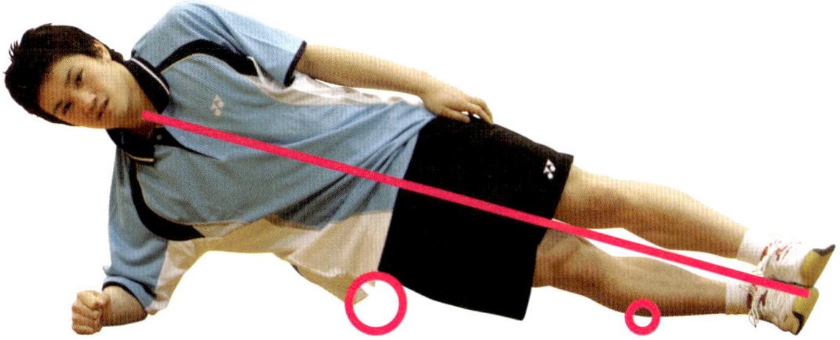

2

腰周りの筋肉を鍛える

片ヒジを着いて横になり、腰・ふくらはぎが床に着かないように体を一直線にする。

3

太ももを鍛える

ヒザを 90 度にして片足立ちし、上げた足を床に着けることなく床と水平になるまで後方へ伸ばす。体が軸足側にぶれやすい。軸足のヒザは少し曲げてもよいので、正面を見たまま行う。

覚えておきたい
バドミントン用具の基礎知識

ひと口にバドミントン用具といっても、
ラケット、シャトルからウェア、シューズまでいろいろある。
自分にあった道具を選ぶことは上達への近道だ。

ラケット

重さはたったの100g

日本バドミントン協会の競技規則によって、ラケットにもいくつかの細かい規則がある。

基本的には、全長が680㎜以内で、幅が230㎜以内のもの。重量については特に制限はない。バドミントンのラケットはとても軽く、重いものでも100g程度。技術の進歩により、カーボンやチタンなどが使われるようになった。

ラケット各部の名称

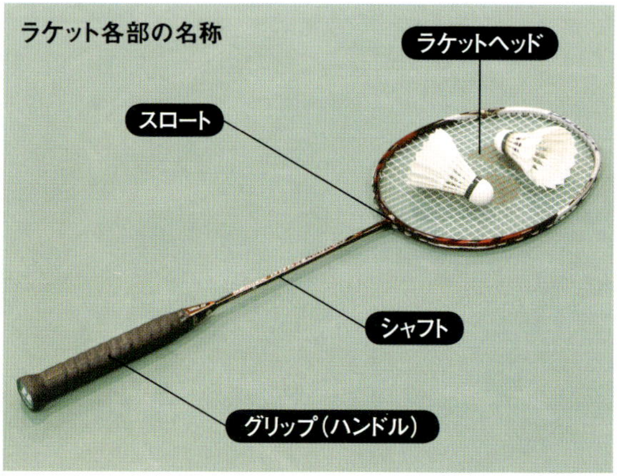

シャトル

非常に繊細

正式名称は「シャトルコック」。コルクと、水鳥（ガチョウ）の羽を16枚合わせて作られている。コルク部分は25～28㎜、羽部分の高さが62～70㎜、幅は58～62㎜。重さはおよそ5g程度と非常に軽い。シャトルには「水鳥シャトル」と「ナイロンシャトル」の2種類がある。ナイロンシャトルは、安価で水鳥シャトルよりも長く使えるが、公式な試合では水鳥シャトルを使う。

シャトルはとても繊細で、温度や湿度が飛距離にそのまま影響する。プレイする体育館の環境によって使用するシャトルが決められているのだ。

シャトル使用時の適正温度

シャトル番号	適正温度
1	33℃以上
2	27～33℃
3	22～28℃
4	17～23℃
5	12～18℃
6	7～13℃
7	7℃以下

※YONEXシャトル番号に基づいて作成しています。
※他のメーカーでは番号が異なる場合があります。

ラケット選びのポイント

材 質

ラケットの材質には大きくわけて、カーボンとチタンの 2 種類ある。金属よりも軽く、シャフトにしなりが出るのがカーボン。手首、ヒジにかかる負担が小さく競技用のラケットはこのカーボン製のものが主流。強い衝撃を与えると折れてしまうことがある。

また、カーボンフレームの一部にチタンが用いられているものもあり、コントロールが安定する、反発性が高まり攻撃力が上がるといった効果がある。チタンを使ったラケットは高価なことが多い。

重さ、バランス

ラケットの重さには独自の表示の仕方がある。「2U」「3U」「4U」「5U」といった種類があり、数字が大きくなるほど、重さは軽くなる。

また、同じ 90 gのラケットでも、重量の配分によってバランスが変わる。ハンドルの方が重くなっている「トップライト」、ヘッドの方が重くなっている「トップヘビー」、ヘッドとハンドルの間に重心がきている「ミディアム」の3タイプがある。トップライトはラケットの操作性が高く、トップヘビーはショットにパワーが出る。オールラウンダーならミディアムがおすすめ。

しなりの硬さ

攻撃型のプレイスタイルの場合はラケット全体のしなりが硬いものを選ぶとよい。ラケットを強く振るために、しなりがやわらかいとヘッドが追いつかないことがある。すると、打点がずれてしまうので、よいスマッシュは打てないのだ。

しなりが柔らかいほどシャトルに力を伝えやすいので、守備型のプレイスタイルの場合は、しなりが柔らかいものがよい。思い切り振ってもあまり強く打てない、という人にもオススメ。シャトルを捉えるタイミングがつかみやすいのも特徴だ。

グリップの太さ

グリップは実際に握ってみて、自分の手にあったものを選ぶ。太いものと細いものがあるが、細いものの方がイースタングリップで握りやすく、初心者にはオススメ。また、使っているうちに「細いな」と思うようになったらグリップテープを巻いて調整する。太いものはテープで調整することはできないので注意。

グリップが細いものはコントロール性が高いので守備型のプレイヤー向け。太いものはシャトルに力を伝えやすいので攻撃型のプレイヤーにオススメだ。

ストリングス

ストリングスの太さ

ストリングス（ガット）とは、ラケットヘッドに張り巡らされた糸状のもののこと。ナイロンでできているものがほとんどだが、以前は羊の腸を捩ったものを使っていた。牛の腸を使ったストリングス（ナチュラルガット）もあるが、一部のトッププレイヤーの間でしか使われていないのが現状だ。

ストリングスは細いほど反発性が高く、太いものほど切れにくい。自分のプレイスタイルにあったストリングスを選ぶ。

張り具合

ストリングスの張り具合のことを「テンション」といい、ポンドで表される。ラケットによって適正のテンションがある。たとえば「15 ～ 20 ポンド」が適正なら、その中間の 17 ポンドあたりで張り、プレイスタイルによって強さを変えていく。

強く張れば打球は速くなり、やわらかいとシャトルは遠くに飛ぶ。ただし、あまり強く張るとラケットが傷みやすく、またヒジにもより負担がかかるので注意。

シューズ

足に負担をかけないものを

屋内専用のシューズを使うこと。バドミントンでは、特有のフットワークや速い動きが必須。滑らないようにラバーソールを使っているものを選ぶ。

動きが激しいため、試合中はたった 10 分でも靴の中の温度が3～4℃上昇する。メッシュ素材で熱を逃がし、むれないようにしてあるものが多い。

また、着地時の衝撃を和らげたり、足への負担を軽減するために厚手のソックスがあると便利。ソックスに合わせて、シューズも少し大きめがいいだろう。

ウェア

吸湿性に優れたウェア

ゲームウェアはポロシャツにハーフパンツ（女性はスカートも可）が基本。以前は白が基調のデザインのものしか認められていなかったが、ルールが変更され、カラフルなものも出てきている。公式大会に出場するときは、日本バドミントン協会の認定したウェアを着用すること。

→バドミントンは室内競技のため、ほかの競技に比べて汗をかく量が多い。吸湿性にすぐれた綿やポリエステルの素材を使ったウェアがオススメ。練習用も同様だ

最速球技の舞台

バドミントンコートのすべて

**シングルスとダブルスのラインが引かれ、複雑な印象を与えるバドミントンコート。
持っている技術と戦術を活かしきるために、
熟知しておくことが勝利へとつながるのだ。**

ショートサービスライン

シングルス、ダブルス兼用のライン。サービスを打つときは、このラインを踏んではいけない。また、サービスで打ったシャトルがショートサービスライン、ロングサービスライン、センターライン、サイドラインで囲まれた長方形のエリア（サービスコート）の外に出てしまうとアウトとなる。

サイドライン

コートの側面に引かれたライン。シングルス用とダブルス用がある。これより外側にシャトルが落ちた場合はアウトとなる。

センターライン

サービスエリアを区切るための境界線。サービスライン同様、この線を踏んでサービスを打つとフォルトとなる。

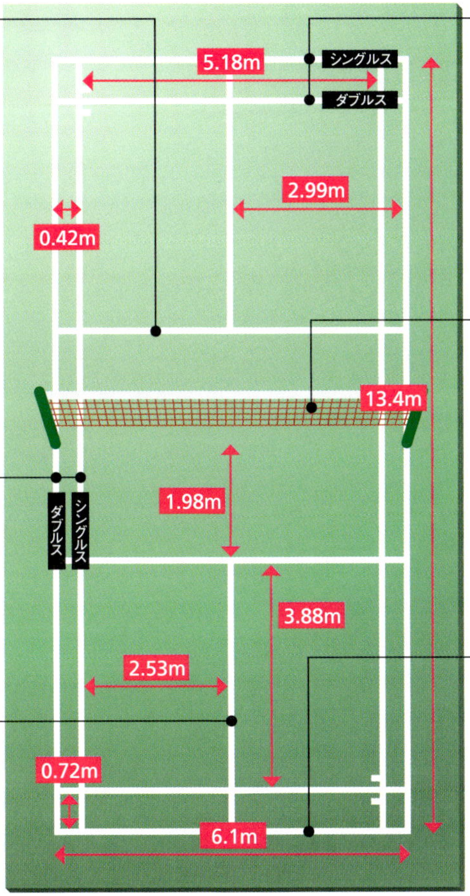

ロングサービスライン

シングルス用とダブルス用がある。シングルスのサービスコートは前後が広く、ダブルスは左右が広くなっているので間違えないように。

ネット

ネットの高さは1.55 m。中央部の高さはそれより少し低く、1.524 mだ。ダブルスのサイドライン上にポストを立てて張る。ネット部分は、暗い色で15㎜から20㎜の均一の網目状と細かく規定が決まっている。

バックライン
（バックバウンダリーライン）

コートの両端、短いほうのライン。シングルスのロングサービスラインを兼ねる。これより外側にシャトルが落ちた場合はアウトとなる。

右コート、左コートを間違えない
サービス権の移行順序

ラリーポイント制が導入されてから、 サービスについてのルールも改定された。
特にダブルスについては順番が少々複雑になったが、
ここでしっかりと頭に入れておくこと。

シングルス　自分の得点が偶数ならば右コート、 奇数なら左コート

ゲーム開始時は右コートからのサービスでスタートだ。打ったサービスは相手コートの対角線上にあるサービスエリアに入れなければならない。ラリーポイント制が導入されたので、得点が入ったほうにサービス権が移る。連続して得点した場合は、左右のコートを入れ替えてサービスをする。サーバーの得点が偶数なら右コート、奇数なら左コートからと覚えておけば間違えない。

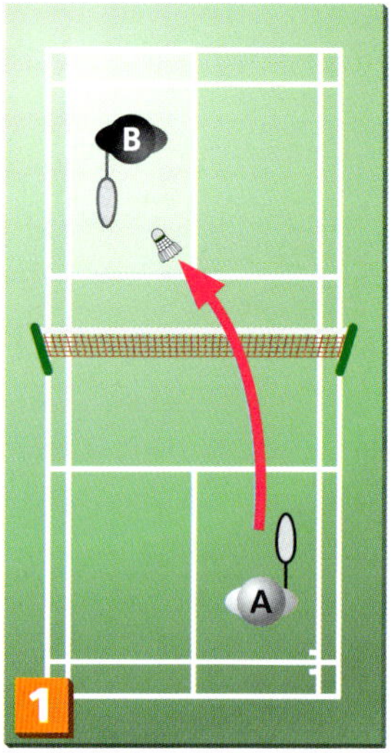

A 【0対0】 B
ゲーム開始時は必ず右コートからサービスを打つ。相手コートの対角線上のサービスエリアに打ち込む

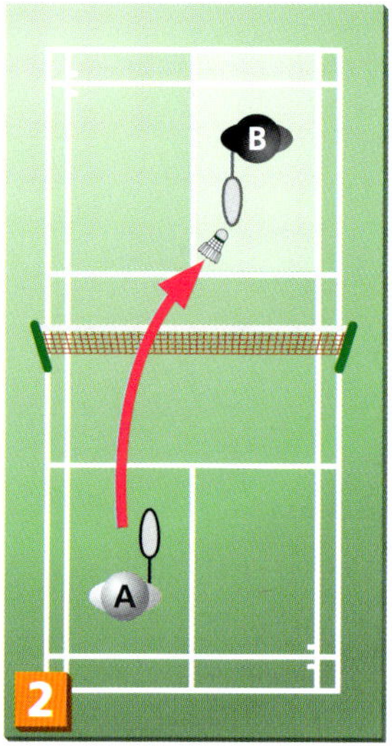

A 【1対0】 B
Aがラリーに勝ったので、サービス権はAのまま。サービスコートを左に変える

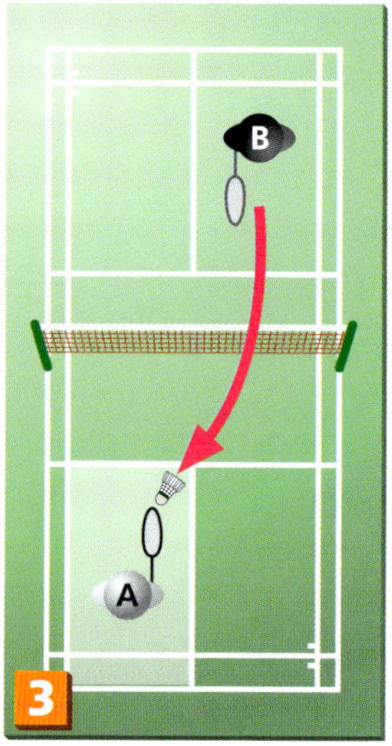

A 【1対1】 B
Bがラリーに勝ったので、サービス権はBに移る。Bの得点は奇数なので、左コートから

ダブルス　ラリーが始まる前のポジションを覚えておくこと

ダブルスの場合は、ペアで場所を入れ替える必要があるので少々複雑だが、基本はシングルスと同じだ。ラリーが始まる前は、サービス権のあるペアもレシーブを受けるペアも所定のポジションにいる必要がある。左右のポジションが入れ替わるのはサービス権のあるペアが得点したとき。それさえおさえておけばポジションに迷うこともなくなる。

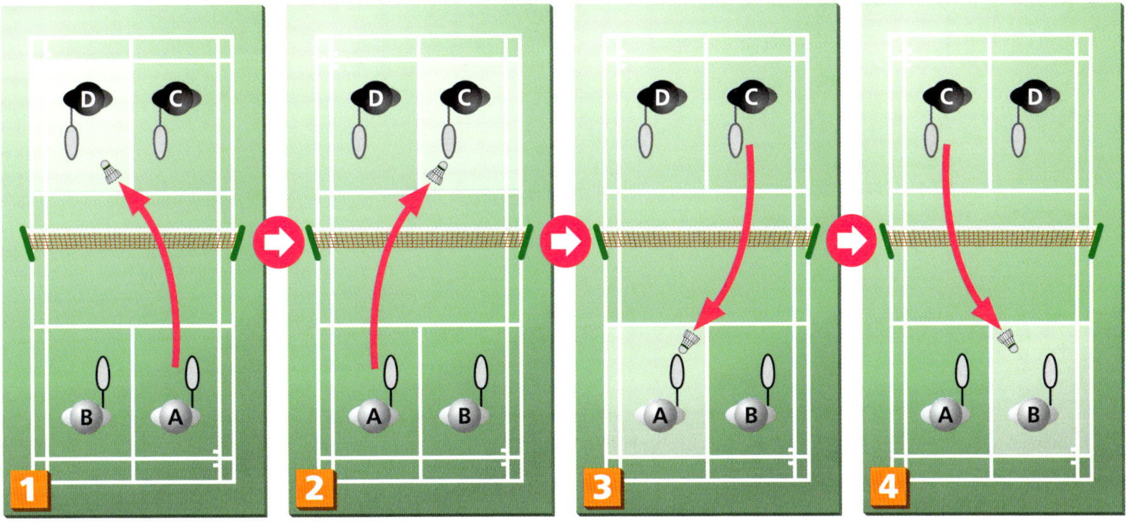

AB 【0対0】 CD
ゲーム開始時は必ず右コートから。Aが最初のサーバー、Dが最初のレシーバー

AB 【1対0】 CD
ABに得点が入ったので、AとBはポジションを入れ替える。Aは左コートから対角線上に打ち込むのでCがレシーバーとなる

AB 【1対1】 CD
CDがラリーに勝ったので、サービス権がCDに移る。このときポジションは入れ替えない。CDの得点は奇数なのでCがサーバーだ

AB 【1対2】 CD
CDが続けてラリーを制したので、CとDはコートを入れ替える。得点は偶数なので、右コートからサービスを打つ

サイドアウト制からラリーポイント制へ

バドミントンのルールセレクション

**ラリーポイント制が導入され、ミスも相手の得点になってしまうバドミントン。
ルールをしっかりおさえ、
本項で練習した技術を存分に発揮して試合に臨みたい。**

コート

【コートエリア】

コートは、シングルス・ダブルス両用のコートが一般的。ただし、それぞれ使用するライン、エリアが異なる。エンドの奥にあたるロングサービスラインは、シングルスではバックバウンダリーラインを用いるが、ダブルスは一つ手前のラインを使用する。サイドラインは外側がダブルス用、内側がシングルス用となる。

【ポスト・ネット】

ポストは、ネットをしっかりと張ったとき、コート面と垂直に保つことができるものに限られる。コート面からのネットの高さは、中央で1.524 m、ダブルスのサイドライン上では1.550 m。ネットの両側とポストの間に隙間があってはならない。必要な場合にはネットの両側（丈全部）をポストに結び付ける。

試合開始

【トス】

プレーを始める前にトスを行う。トスに勝ったサイドは「最初サービス権」と「マッチ（試合）開始時のエンド（コート）」のどちらかを決め、「サービスかレシーブか」「手前のエンドか奥のエンドか」を選ぶことができる。トスに負けたサイドは勝った方が選ばなかった権利について決める。

得点システム

【得点】

ラリーの勝者が1点を得る。

＜得点パターン＞

相手サイドのフォルト

シャトルが相手コート内に落ちる

相手の打球が自陣コート外に落ちる

【ゲーム数】

通常は、2ゲーム先取の3セットで行う。1ゲームは、21点先取制。

【デュース】

ゲーム内でスコアが20点オール（20点同士）になった場合は、その後最初に2点をリードしたサイドが勝者となる。ただし、スコアが29点オールになった場合は、30点目を得点したサイドが勝者となる。

【ゲーム勝者の優先権】

ゲームの勝者は次のセットで最初にサービスを行う。ダブルスの場合、前のゲームを勝ったチームがサービス権を持つが、2人のうちどちらが最初のサーバーになっても良い。レシーバーも同じ。

エンドの交替

各ゲームの終了時には、エンドを替える。また、第3ゲームではどちらかの得点が11点に達した際にエンドを替える。正しくエンドを替えなかった場合は、間違いが発見され次第、シャトルがインプレー（サービスで始まったラリーが終了するまでの間）でなくなったタイミングで速やかにエンドを交替する。その際、スコアは戻さずそのまま進める。

サービス

サーバーおよびレシーバーは、斜めに向かい合ったサービスコート内に立ち、ネットの上を越して相手コートのサービスコートにシャトルが入るようにサービスを打つ。ダブルスでは、サービスの開始から終了まで、それぞれのパートナーは、相手側サーバーまたはレシーバーの視界をさえぎらない限り、コート内のどの位置にいても良い。境界線上は「イン」の判定となる。

サービスコートに関するルール

（1）サーバーのスコアが0（ゼロ）か偶数のときは互いに右サービスコートでサービスおよびレシーブする。奇数のときは、それぞれ左サービスコートを使用する。
（2）サーバーが得点した場合、もう一方のサービスコートから次のサービスを行う。レシーバーが得点した場合は、レシーバーが新しいサーバーとなる。(3)ダブルスの場合、サーバーと斜めに向き合うプレーヤーがレシーバーとなる。

ダブルスにおけるサービス権の移動順序

シングルスでは、得点したプレーヤーが次のサービスを行う。使用するサービスコートはサーバーの得点（ゼロ、偶数、奇数）による。ダブルスでは、サービングサイドが得点した場合、レシービングサイドはサービスコートを替える（レシーバーを交替する）。サービスまたはレシーブの順番に間違いが発見され次第、サーバーおよびレシーバーを正しく訂正するが、スコアは戻さない。

サービスに関するフォルト

本項（第6章、P. 108）に代表的なフォルトを紹介したが、以下の規定違反はフォルトと判定され失点となる。なお、レシーバーが位置について体勢を整える前にサービスを始めてはならないが、レシーバーが返球を試みた場合は体勢が整っていたものとみなされる。
（1）相手のサービスコート外にシャトルが落ちた
（2）サーバー、レシーバに関わらずサービスを不当に遅らせる
（3）サービスコートの境界線に足の裏が触れている
（4）ラケット以外の部分（身体など）で打つ
（5）シャトルのコルク以外の部分を打つ
（6）サービスの開始から終了までの間、両足がコート面に接していない
（7）サーバーが、シャトルをミートしたポイントがウエストラインより上（※この場合のウエストラインは、ろっ骨の一番下の高さ）
（8）サーバーが、シャトルをミートした瞬間、サーバーのラケットのシャフトが下向きでない
（9）サーバーのラケットが、サービス開始からミートまで継続して前方へ動いていない（途中で一度止めてタイミングを外すなどの行為は禁止）
（10）シャトルがネットの上に乗った
（11）シャトルがネットを越えた後、ネットに引っかかった

インプレーに関するフォルト

プレー中に以下の行為を行った（打球した）場合はフォルトで相手の得点となる。
（1）ダブルスにおいて、サービスをレシーバーのパートナーが打った
（2）打球がコート外に落ちた
（3）打球がネットを通り抜ける、あるいはネットの下を通過
（4）打球がネットの上を越えなかった
（5）打球が天井または壁に触れた
（6）シャトルがプレーヤーの身体または着衣に触れた
（7）コート外の物または人に触れた（会場によって特例措置を設けることができる）
（8）1回のストロークで、ラケット上にシャトルが捕らえられて保持され、振り投げられた
（9）同じプレーヤーが2回連続して打った（ただし、1回の

ストロークでラケットヘッドとスプリングド・エリアに連続してシャトルが当たった場合はフォルトではない）
（10）ダブルスにおいて、プレーヤーが打った球を相手ではなくパートナーが打った
（11）プレーヤーのラケットに触れて、相手コートに向かって飛ばなかった
（12）プレー中、ラケット、身体または着衣でネットまたはその支持物（ポストなど）に触れた
（13）プレー中、ラケットまたは身体でネットの上を越えて相手コートを侵した（ラケットとシャトルの最初の接触点がネットより相手コート側であった場合も含む）。ただし、打者がネットを越えてきたシャトルを１回のストロークで打つ場合、打球後にラケットがシャトルを追ってネットを越える場合は対象外とする。

マナー違反もフォルトの対象

マナー違反は厳禁。以下（1）～（3）はフォルトの対象となる。（4）以降は、主審から警告を受けた後も行った場合にフォルトと判定されるばかりでなく、繰り返した場合は競技役員長（レフェリー）の判断で失格となる場合がある。なお、インプレー中にコート外からアドバイスを受けることも禁止されている。
（1）ラケットまたは身体で、ネットの下から相手コートを侵し妨害する
（2）ネットを越えたシャトルを追う相手の正当なストロークを妨げる
（3）大声や身振りで故意に相手の注意をそらす
（4）プレーを故意に遅らせたり中断したりする
（5）シャトルのスピードや飛び方を変えるため、故意にシャトルに手を加えたり破損したりする
（6）見苦しい服装でのプレー、審判員や観客に対する横柄な振る舞いなど下品で無礼な態度、行動
（7）ラケットや身体でネットなどのコート施設をたたく、耳障りな掛け声や叫び声を発する

レット

以下の場合は「レット」となり、プレーを停止する。再開は、その前のサービス以後のプレーは無効とし、レットになる直前のサーバーが再びサービスをする。
（1）レシーバーの体勢が整う前にサービスが放たれたとき
（2）サービスのとき、サーバーとレシーバーの両方がフォルトをしたとき
（3）サービスレシーブでシャトルがネットの上に乗ったとき、あるいはネットを越えた後にネットに引っかかったとき
（4）プレー中にシャトルが分解し、コルクが他の部分と分離したとき
（5）コーチなどプレーヤー以外の存在によって、プレーが中断させられたり、プレーヤーが注意をそらされたと主審が判断したとき
（6）不測の事態や突発的な事故が起きたとき

インターバル

開始から終了まで試合はスムーズに進行しなければならない。体力や息切れの回復、あるいはアドバイスを受けるための遅延行為は禁じられている。下記の場合のみインターバルが認められる。インターバルを除いてプレーヤーは主審の許可なしにコートを離れてはならない。
（1）すべてのゲーム中、一方のサイドが 11 点に達したとき、60 秒を超えないインターバルが認められる
（2）各ゲーム間に 120 秒を超えないインターバルが認められる

※財団法人　日本バドミントン協会競技規則より作成

覚えておきたい
バドミントン用語セレクション

**技術はもちろん大事だが、知識もあればより楽しめる。
正しい意味を理解しておこう。
バドミントンの知識をより深めたい。**

ア

アウト

打球がコートの外へ落ちること。

アバブ・ザ・ウエスト

サービスを打つとき、腰よりも高い位置で打ってしまう反則。本来はシャトル全体がウエストより下でなければならない。特にバックハンドサービスで起こりやすい。「オーバー（・ザ・）ウエスト」などの呼び方もある。

アバブ・ザ・ハンド

サービスを打つとき、ミートの瞬間にラケットを持つ手よりラケットが高い位置になる反則。ラケットのシャフトは下向きでなければならない。「オーバー（・ザ・）ハンド」などの呼び方もある。

アンダー・ハンド・ストローク

低い位置からすくい上げるショット。

イースタングリップ

ラケットの面が床に対して垂直となるラケットの握り方。

インターフェア

相手選手のプレーを妨害すること。反則の対象となる。

インターバル

試合中に設けられる休憩時間。各ゲームどちらかの点数が 11 点に達した時は 60 秒以内、ゲームとゲームの間には 120 秒以内のインターバルをとることができる。

インパクト

ラケットの面がシャトルのコルクに触れる瞬間。「ミート」、「ヒット」と同義。

インプレー

端的には「試合中」を意味する。シャトルが有効に動いている状態を指す。サービスを打ってから得点が入るまでの時間。

ウエスタングリップ

ラケットの面が床に対して平行となるラケットの握り方。

エース

得点を奪うショット。サービスによって得点することを「サービス・エース」と呼ぶ。

エンド

「コート」と同義。コートサイドを入れ替わることを「チェンジ・エンド」と呼ぶ。

オーバー・ヘッド・ストローク

スマッシュなど肩や頭よりも高い位置で打つショットの総称。角度をつけて打ち込むことが可能なため攻撃的。

オーバー・ザ・ネット

ラケットや身体の一部がネットを越えて相手コートを侵す反則。ネット前で打球した場合に起こりやすい。

カ

カット

ラケットの面を傾けてシャトルを切るようにして打つショット。コルクに回転がかかり、減速して落ちる。スマッシュで用いた場合は「カット・スマッシュ」と呼ばれる。

クリア

相手コートの最後方へ打つショット。大きく高い軌道は「ハイクリア」、速くて低い軌道は「ドリブンクリア」と呼ばれる。

クロス・オーバー・ステップ

シャトルに背を向けて足を交差させるフットワーク。

クロス（クロス・ショット）
相手コートの対角線上。その位置へ打つショット。

クロスファイヤー
サウスポー（左利き）が打つカットスマッシュ。

ゲーム
テニスなどの「セット」と同義。バドミントンの試合（マッチ）は3ゲーム制で行われる。1ゲームは21点先取制。ゲームを終える得点は「ゲームポイント」と呼ばれ、一つ前の得点が記録された時点でコールされる。

サ

サービス
ゲームを始めるときに打つ最初のショット。「サーブ」とも言う。打つ権利を「サービス（サーブ）権」と呼ぶ。

サービングサイド
サービス権を持っているサイド（プレーヤーまたはペア）。「インサイド」の呼び方もある。サービス打者をサーバーと呼ぶ。

サービスオーバー
サービス権が移動すること。

サイド・アーム・ストローク
体の横で打つショット。

サイド・バイ・サイド
ダブルスのフォーメーションのひとつ。2人が左右に並んでプレーする。ネットからの距離、コート内の担当エリアが均等になるため守備に向いている。

サムアップ
バックハンドストロークのとき、グリップを押すように親指を立てるグリップの握り方。

ショット
打ち方。シャトルワークとも言う。

ショート・サービス
ネット上を低く通過し、相手コートの手前へ落ちるサービス。

シングルス
1対1で行う試合形式。

スイング
ラケットの前方への動き、振り方。「ストローク」も同義。

ストレート
サイドラインに対し平行に打つショット。

スマッシュ
高い打点から勢いよく相手コートへたたきつけるショット。

セッティング
デュースの代わりに用いられるルール。同点に追いつかれた選手の選択により、同点の状態から点差に関わらず3点先取で勝敗を決める方法。

タ

ダイアゴナル
ダブルスのフォーメーションの一つ。自陣を斜めに二分して各エリアを担当する。言葉は「対角線」の意。ミックスダブルスでよく使われる。

タッチ・ザ・ネット
プレー中にラケットや身体の一部が、ネットに触れてしまう反則。

タッチ・ザ・ボディ
プレー中に、シャトルがプレーヤーの身体に触れてしまう反則。

ダブルス
2対2で行う試合形式。同性ペア同士ではなく男女ペア同士で行う場合は「ミックス（・ダブルス）」とも言う。

ダブルタッチ
ダブルスにおいて、味方同士のラケットがともにシャトルに触れる、あるいは味方の打球がパートナーのラケットに当たる反則。

テイクバック
大きくスイングするためにラケットを後方へ引いてシャトルを迎える状態。

テンション
ラケットのストリングド・エリア（ガット）の張力。

トス
試合開始前、先攻後攻やコートを決める。公式戦ではコインの表・裏で決めるが、非公式戦ではジャンケンなどで行われる。

トップ・アンド・バック（トップ&バック）
ダブルスにおいて、味方が前後に分かれる攻撃的な陣形。

ドライブ
シャトルが床と平行に近い軌道で飛ぶショット。

ドリブル
一度のスイングでラケットがシャトルに二度当たる、あるいは相手の返球を挟まずに連続して同じサイドが二度打つ反則。

ドロップ
高い打点から相手コートのネット手前

へ落下させるショット。

ハ

バックハンド
ラケットを持たない腕。また、その腕のサイド（左右）でシャトルを打つショット。

フェイント
実際に狙うコースやショットとは違う軌道をイメージさせるなど相手をあざむく行為。「フェイク」とも言う。

フォアハンド
ラケットを持つ腕。また、その腕のサイド（左右）でシャトルを打つショット。

フォーメーション
ダブルスにおける味方同士の陣形。「トップ・アンド・バック」や「サイドバイサイド」が代表的。

フォルト
一般的に「反則」の意味。

フォロースルー
スイングしたラケットの、シャトルに触れた後の動き。

プッシュ
主にネット前から相手コートへ押し出すように打つショット。ワイパーショットは、プッシュの一種。

フット・フォルト
サービスを打つとき、サーバーまたはレシーバーの足が床から離れているなど正しくない反則。ラインを踏んだり越えたりした場合は「ラインクロス」とも言う。

フライト
シャトルの飛び方。「軌道」と同義。

ヘアピン
ネット際の球をネット際へ打ち返すショット。

ボディアタック
相手コートのスペースではなく、相手選手の体を目がけて打つショット。「ボディへ打つ」などの言い方をする。

ホームポジション
攻守において移動の基準となる位置。通常は自陣のどの位置へ打たれても、最短距離で移動できる自陣中央、サービスラインの少し後方。

ホールディング
ラケットにシャトルが乗った状態で投げるように打つとホールディングの反則となる。ヘアピンを打つときに起こりやすい。

ボーク
サービスにおいてサーバーまたはレシーバーが相手を不正にだます反則。サービスのスイングを途中で止めて急に打つ場合などが該当する。

マ

マッチ
試合。試合を終える得点は「マッチポイント」と呼ばれ、一つ前の得点が記録された時点でコールされる。

ラ

ラウンド
バックハンド側のコート後方。この位置へ来る球をフォアハンドで打つショットを「ラウンド・ザ・ヘッドストローク」と呼ぶ。

ラッシュ
ネット際に突進すること。

ラブオール・プレー
まだ得点のない状態（0点）を「ラブ」と呼ぶ。ラブオール・プレーは試合開始を表す。

ラリー
ショットが単発に終わらず、相手と打ち合う展開。

ラリーポイント
サーブ権の有無に関わらず、得点が入るルール。

リストスタンド
ラケットと腕の角度を 90 度に近い状態にすること。「ラケットを立てる」とも言う。

レシービングサイド
サービングサイドの反対サイド（プレーヤーまたはペア）。「アウトサイド」の呼び方もある。サービスを返球する打者をレシーバーと呼ぶ。

レット
審判によって試合を停止すること。プレーを一時中断して、再び始めること。

ロビング、ロブ
主にアンダーハンドストロークで相手コート後方へ高く大きく打つショット。

ローテーション
ダブルスにおいてインプレー中に味方同士でポジションを入れ替えること。

ロング（・ハイ・）サービス
ロングサービスライン付近まで高く大きく打つサービス。

日本体育大学バドミントン部

和田 周
(わだ しゅう)
【2008年 インターハイ】
シングルス・ダブルス 優勝

佐藤 黎
(さとう れい)
【2008年 インターハイ】
ダブルス 優勝

木戸 道治
(きど みちはる)
【2008年 全国選抜】
シングルス 準優勝

渡邊 達哉

(わたなべ たつや)

【2009年 世界ジュニア選手権】
3位

板垣 有紀

(いたがき ゆき)

【2008年 インカレ】
ダブルス ベスト8

宮内 唯

(みやうち ゆい)

【2008 年 インカレ】
ダブルス 優勝

監修　大東忠司（ナショナルBチーム男子コーチ）
表紙・本文デザイン
DEKOBOKO
http://www.deko-boko.com/
撮影　河野大輔
撮影協力　土井康衣
DVD撮影・編集
福田茂樹
編集制作　ナイスク
（松尾里央、牧野幸子シリア、狩俣俊介、石川守延）
http://naisg.com/
執筆協力　平野貴也
用具提供　ヨネックス株式会社
http://www.yonex.co.jp/
撮影協力　日本体育大学バドミントン部
編集デスク　金沢美由妃（主婦の友社）

DVD付《つ》き　絶対《ぜったい》うまくなる！バドミントン

発行者　荻野善之
発行所　株式会社主婦の友社
〒101-8911　東京都千代田区神田駿河台2-9
電話（編集）03-5280-7537（販売）03-5280-7551
印刷所　図書印刷株式会社

ISBN978-4-07-273821-4
◎乱丁本、落丁本はおとりかえします。お買い求めの書店か主婦の友社資材刊行課（TEL 03-5280-7590）にご連絡ください。
◎内容に関するお問い合わせは、主婦の友社書籍・ムック編集部（TEL 03-5280-7537）まで。
◎主婦の友社発行の書籍・ムックのご注文、雑誌の定期購読のお申し込みは、お近くの書店か主婦の友社コールセンター（TEL 0120-916-892）まで。
＊お問い合わせ受付時間　土・日・祝日を除く　月～金　9：30～17：30
◎DVDの動作に対するお問い合わせは、DVDサポートセンター（☎ 0120-93-7068）まで。お問い合わせ時間　土・日・祝日を除く　10：00～17：00
◎主婦の友社ホームページ　http://www.shufunotomo.co.jp/

し-041005

大東 忠司
（おおつか・ただし）

1978年生まれ。長崎県出身。7歳のときにバドミントンをはじめて以来、全国大会で数多くの優勝を経験。スピードとカバー力に定評のあるプレイで「ダブルスの名手」として活躍した。2004年には男子ダブルスでアテネ五輪の代表に選出され、2008年の北京五輪では5位入賞を果たした。2009年に日本体育大学バドミントン部のコーチに就任し、4月からは同校の教員を務めている。また、ナショナルB（日本代表候補部）チーム男子のコーチとして、選手の育成に力を注いでいる。